听妈妈讲过去的事情

这是一卷珍贵的历史档案，绝大多数照片都是第一次面世。

它提供的是现代中国历史上最激动人心的传奇之一——中国女性解放的故事。在这条漫长的血与火、情与仇交织的道路上，我们故事的主人公披荆斩棘一路走来，是这条道路上的开路先锋。也许大辩无言，也许大音希声，多少年天地翻覆，多少次花开又花落，她们从来没有想到过讲述自己。在她们身上，有着当代人最为稀缺的美德，那就是母亲般的平易与谦逊。无论做出怎样惊天动地的事业，哗众取宠对这代人而言就是卑劣，标榜自我和宣传个人为她们所不齿，因为她们是相信“大道之行，天下为公”的革命者。

在所谓“口述史”流行的今天，本书不愿也不能披上“Oral History”的学术外衣。因为作为倾听者和记录者，我从来不想隐瞒自己的立场。在我看来，对于那些借口述史来宣扬革命给女性造成伤害的“女权主义”者来说，她们最根本的问题就在于：对于现代中国女性解放运动、对于中国革命的“旁观者”立场。正是这种小资产阶级的“旁观者”立场，使他们不能认识到一个简单的事实：如果没有政治的平等与解放，女性的权利就不知从何谈起，而追求政治权利的平等，就是中国革命的根本目标。

要奋斗就有牺牲。从1931年中华苏维埃政府公布第一部宪法申诉女性的政治权利以来，为了实现这些权利，正如本书所揭示的，中华民族最优秀的一代女性付出了巨大的鲜血和生命的代价。

本书的立场毋宁是斗争性的，因为今天某些人力图刻意制造一种叙述，去抹煞和否定中国妇女革命和女性解放的历史。这些叙述的制造者既有存心不良的男人，也有自以为摩登的女人。一个民族不能以“无知者无畏”为时尚，何况我们生活在这样的时代。

正是在这个意义上，本书所提供的“讲述”，对每一个倾听者而言，既是一个可以在当下安身立命、堂堂正正做一个“女人”的宝贵遗产，也是对未来世界的展望。因为这些普通而又伟大的母亲，既与历史上的花木兰一脉相承，也依旧是未来女性解放道路上的先锋。

正如逝去的诗人骆一禾的一首诗所写的:

世界说需要燃烧
他燃烧着
像导火的绒绳
生命属于人只有一次
当然不会有
凤凰的再生……

在春天到来的时候
他就是长空下
最后一场雪……
明日里
就有那大树的常青
母亲般夏日的雨声

我们一定要安详地
对心爱的谈起爱
我们一定要从容地
向光荣者说到光荣

先锋

Xian Feng

◎新中国大使夫人传奇◎

她们是革命战争年月的热血青年，

她们是百废待兴的土地上

生长的**外交玫瑰**。

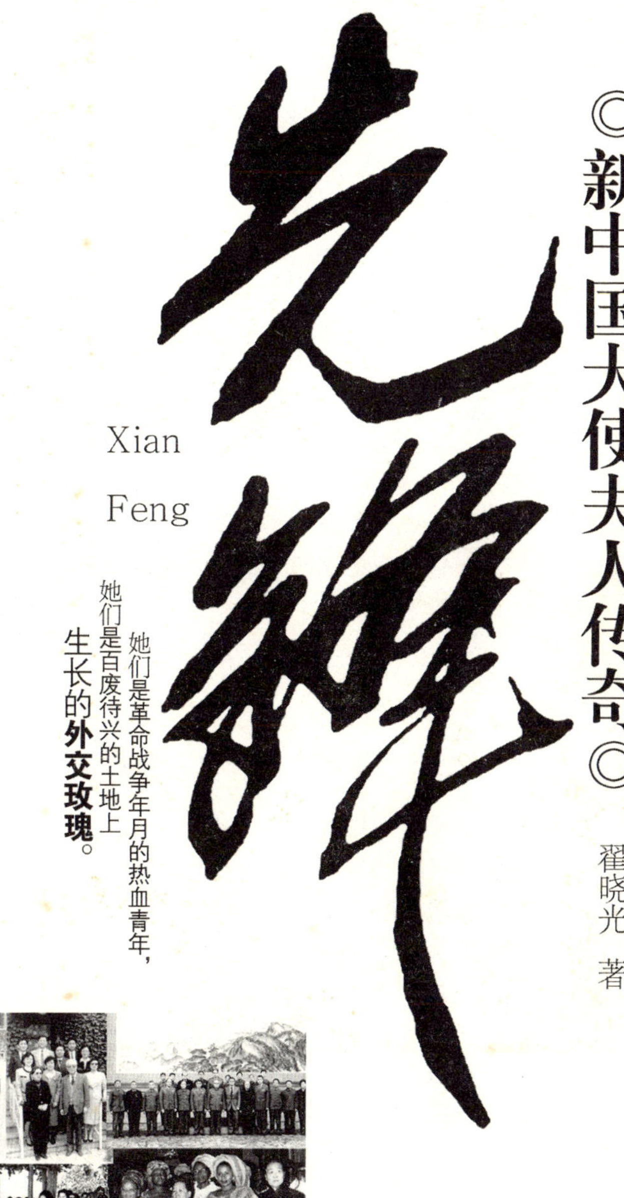

翟晓光 著

金城出版社
GOLD WALL PRESS

图书在版编目（CIP）数据

先锋：新中国大使夫人传奇/翟晓光编著．—北京：金城出版社，2010.1
ISBN 978-7-80251-294-8

Ⅰ.①先… Ⅱ.①翟… Ⅲ.①大使—亲属—生平事迹—中国—现代
Ⅳ.①K828.5

中国版本图书馆 CIP 数据核字（2009）第 218188 号

先锋——新中国大使夫人传奇

编　　著　翟晓光
责任编辑　雷燕青
文字编辑　林冬梅
封面题字　何水法
开　　本　787 毫米×1092 毫米　1/16
印　　张　12
字　　数　145 千
版　　次　2010 年 1 月第 1 版　2011 年 11 月第 2 次印刷
印　　刷　北京佳信达欣艺术印刷有限公司
书　　号　ISBN 978-7-80251-294-8
定　　价　29.80 元

出版发行　**金城出版社** 北京市朝阳区和平街 11 区 37 号楼　邮编　100013
发 行 部　（010）84254364
编 辑 部　（010）84250838
总 编 室　（010）64228516
网　　址　http：//www.jccb.com.cn
电子邮箱　jinchengchuban@163.com
法律顾问　陈鹰律师事务所　（010）64970501

目录

木兰辞

朱霖

我是一个普通的农村女孩子，是党和人民教育我走上为人民、为民族求解放的道路。我中学时代的一个女共产党人告诉我说，要少想自己，多看看国家和社会。我希望我的一生是一个对人民有用的人。

朱霖，原名文佩卿，1920年2月出生于山西省孝义县司马村一个农民家庭。

1937年参加太行山地区抗日游击斗争。1938年，18岁的朱霖在抗日游击队加入中国共产党。1939年秋，在晋冀豫解放区党代会上，作为党代表的朱霖与时任晋冀豫军区政委、区党委军事部长的黄镇邂逅并结为伉俪。

1941年6月，朱霖由太行二区地委党校教务主任，调八路军129师组织部干部科担任营级干事，参加了包括百团大战、十字岭战役等艰苦卓绝的反扫荡斗争，经历了太行山斗争全部的艰苦岁月。

1946年解放战争开始后，朱霖被提拔为正团级干部，荣立二等功。1948年，从太行山区调入河北平山县解放军总政治部工作，并参与筹备第一届全国妇女代表大会。1949年3月，随中共中央和解放军总部进入北京。

1951年1月，奉命由总政干部部调入外交部工作，担任中华人民共和国驻匈牙利社会主义共和国首任大使夫人，并主管大使馆党务工作。

1954年11月，担任驻印度尼西亚大使夫人和二等秘书，亲自参与了万隆会议期间周恩来总理的保卫工作，并陪同周恩来总理参加了会议期间的主要外交活动。

1961年5月至1964年6月，担任外交部党委办公室副主任兼国外组组长。

1964年5月，担任首任驻法兰西共和国大使夫人，一等秘书。

1973年5月，和黄镇主任一起赴美国首都华盛顿，建立中华人民共和国驻美国联络处。

1977年回国后，担任外交部政治部副主任、纪委副书记兼国内部部长。

1978年，在全国妇女第4次代表大会上被选举为常委，1983年，被选举为全国妇女第5次代表大会中直和国务院代表团团长。

1982年9月30日离休。

我是1920年2月，也就是1919年羊年的腊月出生的，我的二爷爷给我起了名字，叫文佩卿。

我的老家是山西孝义县的司马村。我们文家也是穷人，我的爷爷耕地，早年去世。我的二爷爷文天龄在北京琉璃厂当学徒，省吃俭用攒了一点钱，给家里买了十来亩薄地和半个院子。但是我小时候，家里的日子就一天不如一天了。记得三爷爷常拉着我到处借钱，到年关就更得借高利贷了。那时候，我家一年四季吃两顿饭，早饭总是米汤、料窝子，就是用牲口料黑豆、高粱磨成粗粒子，蒸出来是又红又黑。除了过年，我们从来没吃过好饭。

我从小感情脆弱，胆子很小，长大连鸡狗都不敢摸一下。我7岁上学，既不聪明，也不伶俐，学习成绩差，常被打手心。家中也无人帮助我。在北京的二爷爷三年回来两次，他给我讲历史上的花木兰，讲我们家是宋朝文潞公的后代，有时他拍着我的脑袋连连叹息，说："可惜你是个女孩子!"这给了我很大的刺激。

我们家在司马村还不是最穷的，而我外婆家则可以说生活在最底层。外祖父过世后，全靠外祖母养家，基本上吃了上顿没下顿。我的母亲14岁嫁到文家，18岁生我，又遇难产，再未生养。父亲在北京学徒的时候沾染上抽大烟的恶习，几乎不顾家。母亲经常以泪洗面，哭着对我说："你可要给我争口气啊!"我那时候很小，就对她说："妈，你不要怕，以后我养活你!"

我的二奶奶、妈妈、二婶都是非常善良的妇女，她们做在人前，吃在人后，与世无争。

我的二姨嫁的是个破落户，跟着丈夫住马厩。为了养活丈夫和女儿，二姨到汾阳和太原去当了妓女，40岁时患脑溢血去世了。二姨的女儿也很不幸，二姨死了以后，她和姨夫生活更艰难，待到父亲去世，她把父亲埋葬后，就吊死在马厩门前，她只比我小一岁。

三姨13岁那年被卖给文水县城南村一个38岁的男人为妻，受尽了虐待，自杀了四次，上吊、吃砒霜、吃烟土、钻水缸，都被救活了，死都死不成。三姨是我陪送她到文水出嫁的，那时她才13岁。

四姨比我小一岁，被送到汾阳城学山西中路梆子。抗战前好不容易要出师了，她却被教练活活踢死在舞台上。

我母亲的姐妹们命运就是这么惨。

我上小学三年级的时候，因为分家另过，搬到汾阳城。父亲给人家跑腿，母亲为工厂工人洗衣服拆被子，家里刚好了一点儿，没想到房东的儿子对母亲起了歹意，调戏不成，就找人把我父亲抓进牢房里。那个家伙在模范监狱当书记。父亲被抓走了，母亲哭个不停。我去看守所给父亲送饭，看到满地躺的都是人。三爷爷随我们过，他经常对我说，这个汾阳城就这么可怕啊！

为了一家人的生活，我只好停学，跟邻居到工厂砸核桃。一个穷人家的女孩子是谁都可以欺负的，只能这么忍着，从天不亮到黑天，只能挣一两毛钱。就这样，三爷爷和妈妈还是很高兴的，一毛钱可以买二三斤小米或高粱面。等父亲从看守所被放出来，我已经停学一年了。复学后，我的心理压力很大，跟不上学习，只好留级一年。这个时候我真觉得人生没有什么意思，还不如死了，至少可以少受罪。像我这样的小孩子就有了自杀的念头。

我上高小期间，已经有媒人来提亲，让我嫁一个下肢瘫痪的富家子弟，这样一辈子就可以不愁吃穿了。我对父母说，你们要是答应，我马上死在你们面前。他们就我这么一个女儿，也就没有答应。我们那里流传着这样的说法："十三留头十四嫁，十五养个胖娃娃。"穷人家的闺女真是没办法啊！

1935年，我15岁，高小刚毕业。我当时想如果能进初中学三年，毕业后就能穿白大褂当个护士养家。当时我的三叔文广华在太谷铭贤中学教书，我就写信求他，他答应了。临走，母亲从旧货摊子上买了两片黄夹帘子做成被子，父亲拿出在北京穿过的绸夹袍，母亲把它染了一下，给我做成棉旗袍，又将她结婚时穿的三尺半上衣，给我改成单旗袍。我一个人坐火车去太谷，一路上就怕丢掉了行李。

太谷铭贤中学是美国奥柏林大学基金会创建的。经过三叔的申请，学校免了我一年的学费100元。我只能住在三叔家里，

1935年，朱霖(前排右三)参加铭贤中学成立的童子军。

这样省了食宿费。三叔每月的薪水只有30元，一家三口加上我，生活的拮据可想而知。为了少看三婶的脸色，我就努力多干活，学习压力又大，经常晕倒在地上。三叔怕我得干血痨，带我到医院。人家给了50粒维他命保命，我自己舍不得吃，捎给了乡下的二奶奶。

在我最痛苦的时候，有个人救助了我，她就是学校女生部主任徐焕之老师。她的爱人是共产党人，牺牲了。徐老师在初中女生住的红楼里给我找了间耳房，不收房费，离三叔家也近。她告诉我说，你不要老想自己，应该抬头看看国家和社会。

住进学校后，我休息的时间多了，接触同学的时间也多了，还有了看课外书的机会。我最初看的是巴金的《家》，一边看一边哭。那个时候我第一次接触了进步思想，像绝望的落水之人抓住了救命的稻草一样。

这个时候北平一二九运动波及我们学校。我的音乐老师王文辅是冀东人，他在课上讲亡国奴的痛苦，师生一起痛哭流涕。我那个时候参加了抗日救亡宣传队，而且还登台演话剧。

1937年，朱霖(前排右三)参加铭贤中学抗日救亡宣传队，登台表演话剧，演出后，全体演员合影。

就是从那个时候起，我从一个愁眉不展的女孩子，变成了一个活跃的人，学习成绩也好起来了。

1937年，我三叔被学校解聘了，我只能回家想办法筹措学费。此时，二爷爷已经落魄地从北京回老家了，他给了我10块钱。我去看了我的外祖母，她衣衫褴褛，头上的虱子乱爬，背驼着，腿弯着，正在用麦秸烧火做饭。这幅模样让我心如刀绞。她的孩子没有一个能养她，而且各个命运都那么惨，我只能边哭边说："外婆，我以后养活你!外婆，我以后养活你!"我就这么一跺脚哭着走了。

就这么一跺脚离开了我的家，从此一去12年。

没有钱，学是不能再上了，也正赶上日本侵占山西，学校要搬到大后方。我那个时候经同学石玉瑛介绍已经参加了民族解放先锋队。当时我决定不走，要走就跟着"民先"走。当时"民先"要组织抗日游击队，我就和学校的50名同学留下来，到太行山，去打游击。

我就是在这种几近国破家亡的时候参加革命的。

那个时候我们的组织领导有杜润生，他建国后成了我党内的经济专家和农村问题专家，是个大知识分子。其他的还有八路军129师派来的老红军蒋克诚、秦基伟等。在这个大家庭里不但吃饭不要钱，还有那么多大哥哥大姐姐们照顾，我头一次感到非常充实、幸福。

打游击是非常艰苦的。我刚刚参加革命不久，也就是在1937年11月，队伍到达榆社县城北的峡口村的时候，我们远远看到一个老农从北边缓缓步行而来，同志们说，那就是朱德总司令。朱总司令进太行山了，后面随行的还有大作家丁玲同志。见面后同志们欢呼起来，要总司令讲话。

我1938年在游击队加入了中国共产党，当时全国的党员最多也不过三五万人。我感到自己得到了新生，真正的生命开始了。

1938年初，榆次地委调我去太行山区党委党校学习，党校由区党委书记李雪峰同志和委员们领导并亲自讲课。到了党校，因战争的形势非常复杂，所以要求大家都改名字。我愿意和朱总司令姓一个姓，希望普降红色及时雨，于是改名为朱霖。这就是我今天的名字。

1939年春天，当时我19岁，从党校毕业后回二地委党校任教务主任。我就是在那个时候遇到了黄镇。当时石玉瑛同志要给我介绍爱人，我表示反对还同她吵了起来。有一天，晋冀豫军区在我们党校开会，军区请我作会议记录(笑——我当时警惕性不高)。我发现坐在台上的一个人总在看我，我当时并不知道他是黄镇。黄镇留给我的印象是很帅气的。在会议休息时，他去看我作的会议记录，我也没有太上心。我一开始不太同意，黄镇托石玉瑛给我捎来一支自来水笔和一个笔记本，当时一支钢笔就是奢侈品。我觉得他是在用东西引诱我，很生气，把它扔了，但石玉瑛悄悄收起来没有退回。从此他就自己来找我谈，也不断来信，我们才相互了解起来。

1939年秋，区委召开党代会，我是代表，他是晋冀豫军区政委，也是晋冀豫党委军事部长，我们碰到一起，他提出结婚。我明确提出我的顾虑：一、他是高干，我信不过，怕被玩弄；二、我要坚持工作，决不当首长老婆；三、不愿生孩子，怕妨碍工作。黄镇当即表示接受。黄镇当时有两句话，打动了我。他对我讲：“我一定以无产阶级之道德、共产党员之品质来对待你。”50年的历史表明，他对我提出的第一、二条真是说到做到，只是第三条未能实现。

当时解放区还没有结婚登记仪式，经组织批准，组织部长与双方谈话就行了。我们是在区党代会期间结婚的，除参加会议的领导外，北方局和八路军前方总部的杨尚昆、李伯钊、康克清等同志也来祝贺。康克清同志一来就问黄镇他的迫击炮是哪一个——当时长征的时候，人们常开玩笑说：男的叫“机关枪”，女的叫“迫击炮”。

1940年夏天，百团大战前，急性赤痢流行，已在死人。那时我在区党委党校工作，参加春耕检查工作后，被传染了赤痢，每天还拄着棍子去讲课。雪峰同志知道了，马上让校医老红军罗医生给我治疗，他把长征时带来的德国阿米丁给我打了，要不是这一针，我恐怕早已经不在人世了。痢疾虽然好转了，但却变成了慢性，这么一拖就是9年。

1941年6月，我调到129师组织部担任干部科营级干事。当时女同志在野战部队是非常困难的。在一次女同志的座谈会上，有人发言说，敌人扫荡这么频繁，女同志在部队会成为拖累。还有人说，在反扫荡的时候，一个女同志骑在马上，一个老红军就指着她的背说，老子身上有许多窟窿，还骑不上马，

1939年9月，朱霖与时任晋冀豫军区政委兼军事部长的黄镇结为伉俪。

你身上有一个窟窿，却能骑大马。我虽未骑过黄镇的马，但听了非常难堪。我下定决心：我是女同志，是来革命的，绝不会输给男同志。

当时黄镇是政治部副主任，他让我住在组织部，避免同进同出，因为当时结婚的人很少，必须注意影响，我见他一面，也跟做贼似的。

太平洋战争爆发后，日寇加紧了对太行山区的扫荡。1941年秋季大扫荡的时候，为了迷惑敌人，总是在敌人离我们驻地非常近的时候，领导才下令转移。当时我已经怀孕三个月了，背着背包和部队跑步过漳河，天黑得伸手不见五指，战场上最怕的就是掉队，一个女兵如果掉队是个什么结果那是不言而喻的。拼命跑啊，上下山时，我有意跳沟、蹦脚，只感到肚子疼，肚子里的孩子却纹丝不动，这个包袱怎么也甩不掉。

1942年2月春季反扫荡，为了机关能迅速转移，领导决定让将要临产的刘伯承夫人汪荣华、我、另外两个女同志四个大肚子单独去打游击，只给了两个手榴弹，由产科医生马芳晓同志和一位文化干事带路。我们就在敌人堆里穿行，怀着身孕一夜能跑50多里路。

临产前最后一夜，我们从山上下到一个敌人刚刚烧抢过的小村——涉县的林旺村。被烧的房子还在冒烟，好不容易找到两间小房，其他三个同志住进去，我只好住在驴圈里。我和马医生赶紧清除驴粪，把驴吃草的木槽清出来准备放孩子，马医生边干边开玩笑说："朱霖，你要成马丽亚了。"

我们四个人都顺利分娩，当时汪荣华同志拿出刘师长给他的一个月津贴，一共5块钱，黄镇托人送来了两只鸡，我们就靠这些东西坐了月子。

产后我总是伤心落泪，马医生问我原因，我说我就是不愿生孩子，怕妨碍工作，我是来革命的啊!我要求她快帮我处理孩子，结果就在我生产后的第七天，马医生骑了一头毛驴，把我的女儿裹在棉袄里，沿途向老百姓讨奶吃。回到政治部驻地王堡，才在温村找到一个奶妈，交给人家抚养。黄镇当时在三分区指挥作战，敌人的一发炮弹打中了跟他在一起的郭国言司令员，他却没有受伤。他回来就抱了一下孩子，说很好。其实孩

1942年2月，刚刚做了母亲的朱霖和大女儿二乖。在战争年代，黄镇一直把这张照片珍藏在皮靴的夹层里。

子当时已经得了红眼病，脸上还生了疮，已经不是刚生下来时的样子了。

两个月之后，5月大扫荡又来了，敌人用兵3万，就是所谓铁臂合围。这次扫荡前，129师把机关干部也都武装起来了。黄镇这次被派往六军分区，任务是牵制敌人主力。敌人分九路而来，空陆并进。出发前，我到黄镇的小屋前站了一会儿，心里想，不知道下回是否还能见面。我决心宁死不当俘虏，他忙着收拾东西，看了我一眼，彼此无言。

我和政治部同志跑步离开王堡，与敌人周旋。那次反扫荡，八路军总部和北方局从辽县撤离上山后，被陆空并进、超过我们兵力20倍的敌人层层包围了。我们凭险与敌人血战。最危急的时候，是彭老总等同志杀开了一条血路，才突围出来。也就是那个时候，左权副参谋长坚决要求留下，继续组织突围，结果和许多干部战士牺牲在十字岭上。那次牺牲了左权同志，是党和军队的很大损失。罗瑞卿和郝治平是黄镇和六分区的部队救出来的。

敌人包围总部的战斗还未结束，李达参谋长派警卫员来找我，我心里一直惴惴不安。女同志都知道，激战之后，最怕首长找谈话。果然，他告诉我黄镇的电台已经好几天联系不上了，有人说他腿部负伤，掉到了山下，就是活着也残废了。之后很久都没有黄镇的消息，我也不好打听。

6月初，我们129师机关和边区政府，又在黄岩村一带被15 000敌人包围，形势十分危急。师直部队在前面与上山的敌人血战，政治部在蔡树藩主任指挥下，先进黄岩沟，等待夜间突围。到了那里，大白天，敌人已经围上来了，他们没打枪，觉得我们已经是囊中之物了。蔡主任立即命令大家顺沟向西边的高山上跑。我因为是产后，身上背着组织部的机要材料和干粮袋，没有其他男同志跑得快，同志们就拖着我跑，往山上爬。等我们爬到西山顶，下面部队已经和敌人交火了，我们下不去了。

太行山天气酷热，日头一晒，烧饼都能烤熟了。人人口干舌燥，这个时候水就是命。一阵激烈战斗的间隙，同志们喊快下山，因为我们的部队打走了控制唯一水源的敌人。我们跑下山直往肚子里灌水，谁也没有水壶啊！

接着我们往西北方向突围，又遇到了敌人，把我们压在沟底。这时候已经找不到水喝，看到石头凹里有一摊牛羊喝剩的水，里面夹杂着牛羊的屎尿，我一下子就喝了五碗，好像还很渴。这时候我看到蔡主任的爱人陈书涟同志从石头缝里舀出一碗水来给我，里面还有小蛤蟆蝌蚪在游，也顾不得了，我三口两口就喝完了。

敌人马上就上来了，我们必须迅速撤离，我就抓住组织部直工科长韩连生同志的皮带，跟着他，跑过了这段危险地带。就在这次反扫荡中，光政治部宣传队，就有三个女同志在隐蔽地被俘。

我们就这么突围行军。夜里，我们遇到了区党委书记李雪峰，还有边区政府主席杨秀峰一家，包括他们五六岁的儿子小胖子。只见小胖子用绑带捆着腰，妈妈拉着绑带，小腿走得还不慢。干部和战士们就拿出碗来说，小胖子，尿点尿吧，叔叔太渴了!小胖子发愁地说，你们都来要，我没尿啦!

后来才知道，刘伯承师长和李达参谋长因为两千多机关干部没跟上他们一起行动，担心极了。师长说，那个队伍就像背着玻璃电灯泡赶集，经不起碰，有个不测，我怎么向同志们和中央交待啊!实际上，要不是他将新一旅安排下来阻击敌人，掩护我们，我们很难突围出来。直到我们都突围出来，他才松了口气。

突围出来路过温村时，同志们让我去看看孩子。奶娘正在给孩子喂奶，一见我就欣喜地说：“你们可回来了。”其实敌人来了，奶爹在山上掏了个洞，把孩子和奶娘藏在里面。敌人在外面打死个村里人，把奶娘吓得拉了一裤子屎尿，可是孩子却睡得呼呼的。奶娘说这八路军的孩子真命大啊，要是当时她哭一声我们娘俩就全完了。

曾随著名电影演员陈波儿到太行山来的常之华同志，拿出小照相机，把孩子和奶娘摄入镜头，留下了永久的纪念。

过了好多天，黄镇打了胜仗回来了，他没有落下残疾。

那是抗日战争战火纷飞的岁月，残酷的岁月。

1941年至1943年是抗日战争最艰苦的时候，前门有

“狼”，后门有“虎”。为提振士气，还要加紧生产。思想政治工作非常重要，自救组、宣传队到处演出。我们自编自演活报剧、大合唱《太行山》等进行文艺演出，当然还有《雷雨》和《日出》。为了配合整风，我们还演《钦差大臣》《蜕变》，那是非常有水平的。为了把干部战士练成“钢铁的身体、钢铁的意志”，师政治部举行了各种别开生面的活动。

只要是农忙季节，干部、战士都下田劳动，以减轻人民的负担。当时的生产部长张克威同志是美国的农学博士，抗战爆发后，抛下老婆孩子回太行山抗战。他当时规划了一个水利工程，引水上山，在河滩上改造良田，后来在太行山还种出了稻子和金皇后玉米。老百姓编民谣唱道：水流南山头，吃饭不用愁。没有八路军，这水怎能流。

当时的首长没有一个是特殊的。彭老总有一次下部队检查工作，人家给他一条新毛巾洗脸，他把新毛巾一甩，拿出自己的破旧毛巾就洗，还严厉批评说，你这是什么作风。他下部队从来都吃食堂的窝窝头，谁要加一个菜，没有不挨骂的。新十旅旅长赖际发每次都接待老总吃战士的饭，他说老总吃得香，他就从来没挨过老总的骂。

在那种条件下，我们必须搞精兵简政。毛主席提出“为人民服务”“实事求是”，就是在那个时候，最困难的时候。

1943年秋，129师番号被撤销，彭老总、刘师长、蔡主任调延安，邓小平政委留下负责北方局和八路军总部工作，成立了晋冀鲁豫大军区。太行军区由李达任司令员，黄镇担任副政委和政治部主任，区党委书记李雪峰兼军区政委。

从1943年夏秋开始，太行山地区遇到了三年大灾，干旱、蝗虫并至，蝗虫遮天盖地把地里的庄稼都吃光了，军民求雨心切。我到现在还对天晴、天阴特别关心，因为从那时候起就把自己的命运和老百姓的收成拴在一起了。

部队规定，平时每人每天三钱油、二钱盐、一斤粮，后来又减为12两(16两为一斤)，每人每天要拿出4两粮来救济老百姓。每个单位负责几个村，要保证不能饿死人。

这个时候政治部还进一步规定，每人每天必须交二斤野菜。我们就漫山遍野挖，回来煮在锅里吃。同志们实在饿得不行，就进行精神会餐，有同志说四川腊肉怎么好吃、大米饭和鱼怎么好吃。我就说，你们说的这些东西我都没吃过，也不想吃，我啊，就想吃有醋的白面条，到共产主义社会，只要有白面和醋吃，我就很满足了。同志们都笑了，说你标准也太低了。

孩子们就更不容易了。寄放在奶娘家，奶娘要劳动，孩子放在炕上，部队有五六个孩子是掉进开水锅里煮死的。后来军区托儿所建立，收了20来个孩子，一场痢疾下来，就死了七八个，卫生部长的孩子也在其中。

我们的孩子算是最幸运的了，大女儿二乖，一岁时眼睛要瞎，奶娘急得很，当时正赶上钱信忠部长出差路过，用一针药水马上给孩子“洗眼”，终于得救了。两岁时她又得了赤痢，眼看不行了，我军机处关押的一个医生救了她的命。大儿

1944年，在太行山王堡村朱霖和大女儿二乖、大儿子黑胖在一起。大女儿二乖和大儿子黑胖身上穿的衣服是临时借的(刚从北平回来的战友的孩子的)。

子黑胖，生下来就是软骨，又得了百日咳，提起脚来，小屁股只有一层皮了，也是钱部长给治好的。到两岁半学走路，边走边摇摇晃晃，说："我会走路了，我会走路了，我长大要当医生。"二女儿米囤，奶娘家很穷，平常下地劳动就把她锁在家里，长大以后就让她拿个小板凳坐在门口，没人说话，她可以半天半天地坐在那里不动。我去看她，她也不说话，我这个当母亲的，心里是个什么滋味啊!

我自己能省就省，把津贴给孩子买些鸡蛋，送给奶娘家，增加点营养。我自己连吃菜也省了。我怀孩子的时候想吃点酸东西，就爬上山摘野酸枣，平常饭吃不下，就让房东给点蒜，后来出现头晕耳鸣，必须立即躺倒，半个小时才能爬起来，就是营养不良，血压太低。

那时候我从来没看到有人给首长送什么东西，只有一次，分给黄镇四斤枣和栗子，我把它们吊在墙上，等黄镇回来吃。过了几个月他才从部队回来，东西全都发霉了。可惜啊!我当时就想，就是首长的妻子，也不应该享受组织上给他的东西。

蔡主任的爱人陈书涟同志是我们的楷模。她是地主出身的知识分子，南征北战，什么都经历过。1958年，蔡主任和郑振铎一起因飞机失事遇难，她痛哭了一天，一周后就带着一家11口还有老母亲，从组织上分给蔡主任的大房子里搬到自己的工作单位分的四间小房子里去住，保险公司给她的赔偿金全部交公。自己雇不起保姆，她就承担了全部家务，几十年来从来没讲过自己有什么困难。1987年她因严重的心脏病住进友谊医院，她把我叫去说："我要求你帮助我安乐死，因为我现在已经不能为人民工作，而每天住院费要花70元，还耽误孩子们的工作。"我心里过不去啊！我劝解她，说我做不到。她说："没想到你这么落后，那我自己会处理。"当时我哭了。

三天后她要求出院，回家后一周就去世了。

什么是无私的人、高尚的人、毕生为人民服务的人?她就是这样的人。

1944年春，杨勇司令员从延安路经太行回前线，把我们军区直属队集中在赤岸村野外，他讲话说：毛主席让我路过太行来慰问你们，同志们受苦了，毛主席送你们几十毛驴驮子油!

我们欢呼啊，回来的时候大家争论不休，有人说毛主席送的是油，有人说是牛，总之是高兴啊。

自此以后，生活有了改善。记得刚刚度过饥荒，我们搞了一次会餐，吃的是白面馒头和猪肉炖土豆。我们那个时候是专门挑肥肉吃，我当时怀了8个月的孩子，蹲在地上吃了很多肥肉和5个馒头。同志们看我脸色发白，赶紧把医生叫来，医生立刻把我放倒在原地，我手里还拿着一个馒头。缓过来之后，医生说，你拿这个馒头回去一定要慢慢吃，你的孩子和馒头挤在一起了。

1945年8月15日晚上，我们将要入睡时，突然有人在外面喊：鬼子投降了!抗战胜利了!

一时间，欢声雷动，我们抗战八年，终于有了这一天。同志们唱啊跳啊，高兴地把我们窗台外面晒的西红柿种子也给吃了。那种子可是来之不易，那是张克威部长的夫人从美国夹在信封里寄来的呀!我就担心地说，明年种不出好西红柿来了。同志们就说，明年早下山了，还种什么西红柿啊!

抗战刚结束，国民党就要打内战了。1946年初，在美国马歇尔的调停下，国共两党签订了停战协定，在北平成立军事调处执行部，黄镇担任我方首席代表，驻新乡中心小组。可是当时国民党哪儿想和平，他们觉得自己武力强大，就是要消灭共产党。斗争非常激烈，也很有成绩。他们找了个借口，就把黄镇软禁起来了。

抗战胜利之后黄镇出了这样的事，我只有把悲伤埋在心底。为了这个事，刘师长请我和桂干生同志的爱人到他家吃饭。桂干生同志担任过分区司令员，刚刚在山西平遥牺牲，他的爱人还带着两岁的烈士遗孤，我马上猜到师长叫我来的目的。但是看到桂干生同志的爱人很坚强，也很镇定，我就更不能惊慌失措了。

黄镇被关押了近半年，经过组织营救，最后由美国代表护送回到了邯郸，我方最后一批人员刚撤回，解放战争就全面爆发了。

黄镇回来刚住了三天，就去组织野战军并担任九纵的政委，司令员是秦基伟。1947年8月，他们带领九纵强渡黄河，打

1945年9月，抗战结束，满怀喜悦的朱霖和时任太行军区副政委兼政治部主任的黄镇在一起。

1945年，黄镇夫妇和大儿子黑胖在一起。在艰苦的岁月里，黑胖变成了黑瘦。

到伏牛山。这是解放战争的一大转折，就是我们第一次打到敌人内线去了。他们渡过黄河的当天，是我生下第四个孩子的日子。我非常高兴，过去每生一个孩子我都要哭一场，可是这一次我没有哭，因为我们都感到，中国革命的转折时刻到来了，胜利在望。

太行山的土改搞起来了，祖祖辈辈没出过门的农民武装起来参加解放战争。当时因为部队机关缺大夫，我就按照黄镇给我买的两本书当起了业余的产科大夫，给女同志接生。我过去从没干过，先后接生过七八个孩子，有一个逆生，还有一个双生，但总算都对付过来了。

1947年，在太行山王堡村盛开的野花丛中，一脸灿烂笑容的朱霖身穿的是黄镇在北平谈判时的军装，军装经过她灵巧的改制是如此贴身。

1947年军区直属队召开庆功大会，因我工作、生产均突出，给我记了二等功。在台上的立功人员中，就我一个大肚子的女同志。接着我被提拔为团职干部，在这之前，我在营职岗位上干了七年。

1948年间，我和黄镇一起被调到总政，从太行山区进入到平山县夹峪村工作。那时准备召开全国妇女代表会议和部队家属工作会议。会前我向邓大姐、安子文汇报，重点讲了两点：第一，部队的女同志并不是家属，她们都是做工作的，她们与男同志比，一点儿也不特殊。第二，重男轻女的观念在部队有反映，提拔干部的时候很少考虑女同志，而精简机构的时候女同志总是首当其冲。政治部的干部部应该重视培养和任用女干部。

我在胜利的前夜差点儿没挣扎过来。1948年11月底，我在生第5个孩子的时候感染了产褥热，高烧持续41度，几乎什么办法都用尽了也不见效。同志们站在我炕前说：朱霖!你一定要挺过去啊!胜利就在眼前了呀!

傅钟夫妇救了我的命，他们把给自己的孩子留的两瓶盘尼西林拿出来，救了我的命。我参加革命这么多年，好几次都是同志们把我从生死线上救下来的。

1949年1月初，我产后不到40天，平津指日可待，太原即将解放，我决定趁机回趟老家。我是独自一人回家的，沿途到处是国民党的散兵和败兵，我穿着解放军的军装独自走在刚刚结束战争的土地上。

我在介休北一个小站下了车，等到天亮雇了辆车，回到了阔别多年的家乡司马村。

村里一片破败，进到自家院子，静悄悄没一个人影。跨进窑门，就见一个骨瘦如柴的老人立在那里，只能从眼睛里才能看出，这就是我的二爷爷。是他把我抚养成人，就像我的亲爷爷一样。

我喊了一声爷爷!他说你是谁，我大声说："爷爷啊，你的孙女佩卿回来啦!"

他抓住我的手辨认了半天，说："我孩儿——真是木兰从军一十二载啊!"

的确，我从1937年离家，到1949年，整整12年了!

我父母住在对面邻居家的一间房里，母亲站在门口等我，看我一身戎装走过来。我喊了声"妈"就哭了起来，而她忍住了没有掉泪。她认为哭不吉利，说道："谢天谢地，你可回来啦!这是大喜事，我许了天地爷，只要你平安到家，我就要谢羊。"我一看这个家，连水缸都是拣来半截的，数九寒天不烧火，水缸都结着冰，炕上有两床破被，铺着个破席子。我想，他们怎么能有钱谢羊?

过了一会儿，父亲领了肉铺的人来，牵来了一头羊，手上还提了二两酒。我母亲对着天地爷，将酒烧开，将热酒倒在羊毛下，羊被烫得抖了一下。她说这一抖就说明天地爷已领了她的供品，母亲这才下跪磕头，嘴里念着什么。肉铺的人把羊领走去杀了卖肉了，这样就只花了很少一点儿的钱。

我走了12年，家里发生了很大变故，二叔、三叔都让日本人的狼狗吃了，二婶改了嫁，三婶病死了，一生未婚的三爷爷已经死了，我自己的家也到了崩溃的边缘，简直已经过不下去了。

我从部队走时，同志们给了我一条咸鱼，说是战利品，还给了我出差费。此外，我还保存着太行军区给孩子们发的120斤粮票。几位揭不开锅的叔叔、大爷，哭着跪下要求我救济。我心酸极了，一个解放军，身上并没有钱，有什么办法呢？我让父亲把粮票换成粮食，大家先分着吃，我对叔叔、大爷们说，村人民政府刚刚成立，马上就会进行土改，共产党一定会让你们吃上饭。我对我的二婶说，等我有了钱，一定寄给你。

家乡不久进行了土改，我在乡亲们的企盼中离开了家乡，回到河北平山。

1949年3月5日至13日，毛主席在平山西柏坡主持了七届二中全会。就在那时，我们的毛主席讲了夺取全国胜利只是万里长征走完了第一步，他告诫全党，务必保持革命战争时期那么一股劲、那样一种拼命精神，务必保持艰苦奋斗的优良传统和作风，并给全党下发了郭沫若同志的《甲申三百年祭》。

牺牲了千百万优秀儿女，经历了难以想象的艰难困苦，我们共产党人在人民的支持下推翻了帝国主义、封建主义和官僚资本主义的黑暗统治，在炮火里打出了新中国，完成了国家的统一。在毛主席的领导下，中国革命胜利了。可是许许多多牺牲的同志再也看不到这一天了。

胜利来之不易。我总是在想，毛主席告诫我们党的话，就像是刚刚说过的一样啊!

毛主席和周副主席在长征中就知道黄镇同志爱好美术，就将设计军旗的任务交给了他。他设计了三幅，其中一幅我记得是红底，左上方是一颗黄色的大五角星，右下是三颗小五角星，并题字说明“工农兵在共产党领导下”。周副主席很欣赏，对傅钟(总政副主任)说这个设计说不定以后制作国旗的时候可考虑。

1949年3月底，黄镇随同毛主席先进驻北京香山，我们机关的女同志和孩子们是4月初坐着卡车进城的。我们进的是西单宣武门，孩子们可活跃了，见到戴礼帽的就说是汉奸，看到烫头发、搽口红的就说是妓女，因为孩子们在根据地看戏，其中的演员就是这个打扮，我赶紧制止他们不能乱说。

进城后依然实行供给制，每人每月发5万元旧币，一切生活都靠它，我们已经非常满足。黄镇听说西单有个砂锅居，要请我去吃一顿。这是我有生以来第一次下馆子。坐下后，他一摸，身上只有2万元。我担心不够，他就说，少要一点儿，尝尝嘛!这顿饭花了1万多元，我们吃了两小盘肥肠，几个小烧饼，还有一碗汤，觉得真香，其实肚子并没饱。

同志们知道我过去经常拉肚子，就把我拉到德国医院(北京医院的前身)检查，化验结果是我肚子里有很多阿米巴细菌，需要大量服药，立即住院。大夫大为惊奇，说1940年患的赤痢，到现在已经9年了，一般说细菌早就跑到肝脏里了，命早没了，你现在还没事，这究竟是怎么回事?我插话说：我是解放军嘛!解放军抵抗力强啊!大家都哄堂大笑。

我在病床上度过了第一个国庆节，没能参加庆祝活动。可是当游行队伍路过医院，我在病床上听到《没有共产党就没有新中国》的歌时，精神就为之一振。现在，每当听到电台播放这首歌曲，我就会想起当年欢乐的情景。

1950年1月，组织上突然通知我们去外交部报到。本来黄镇正从总政搬出，筹备干部部的建设，所以我们一点儿思想准备也没有。

公函

逕啓者，中華人民共和國中央人民政府毛澤東主席已在本日發表了公告。我現在將這個公告隨函送達閣下，希爲轉交貴國政府。我認爲中華人民共和國與世界各國建立正常的外交關係是需要的。此致

先生

中華人民共和國中央人民政府外交部部長周恩來

一九四九年十月一日於北京

中華人民共和國中央人民政府 外交部用箋

中華人民共和國中央人民政府公告

中華人民共和國中央人民政府主席毛澤東

一九四九年十月一日

外交部部长周恩来具函将中央人民政府公告送达世界各国政府，表示新中国愿与各国建立正常外交关系。

调到外交部后，给我们举办了干部学习班。参加的人员主要是大使夫妇，我记得还有越南的黄文欢同志，他也学习做外交工作，由苏联、波兰、捷克等国家的大使讲课。毛岸英同志担任翻译，他的翻译准确流利，作风朴素稳重，给人印象深刻。

学习期间毛主席和周总理接见大使们，毛主席说你们都是将军，让你们当大使，因为首先你们跑不了。毛主席的话很风趣，但我是做干部工作的，理解主席主要是从政治上考虑使用干部的。

再就是阎宝航、胡济邦同志来教我们着装、礼仪、吃西餐，还要求大家要烫发、抹口红、搽粉。我是部队出来的，对这个非常不习惯，甚至反感，有一次还生气地说："我们干不了这样的工作，也不想做这样的工作!"

在学习期间，有领导来讲话说，女同志到大使馆就不要做什么工作了，只要参加对外活动就行了，人家叫你夫人、太太也不要忌讳，因为这也是革命的需要。我们大家一听就火了，我们是为了革命、为了工作才来的，怎么是去当夫人、太太呢?我们集体表示如不分配工作就拒绝出国。大家一致推举我和韩念龙夫人王珍同志为代表，非要见总理兼外交部长周恩来不可。总理马上让邓大姐来给我们讲话，大姐说外交工作是一条特殊的战线，男女同工同酬、同工同名。她还现身说法，说在国民党统治区中共代表团，人家也称她周太太，太太就太太吧，为了革命需要不要忌讳。她还要求我们保持解放军的优良传统，说当年在大后方，中共代表团就是解放区的代表，如今你们就是新中国的代表，要时刻想到自己的形象代表国家。这样我们就想通了。

学习班结束后，黄镇被任命为驻匈牙利大使，1951年之后，还兼管阿尔巴尼亚的事务。

当时国家给发了2 000万元旧币制装，我们从来没见过这么多钱，不会花，也舍不得花。制装是为了工作，就节省着办吧。衣服首先是到旧货市场上买的，我一看大衣太贵，就将解放军的羊皮大衣换了个蓝色粗呢面子。粗呢子是战利品，所以花了很少的钱。我还买了两件旧旗袍，拿回饭店穿上一照镜子，哎呀，简直就是旧社会的太太了，当时竟难受得哭了一场。我从旧货摊花2万元买了一个小皮包，30多年来它一直伴随着我的外交生涯，一直用到现在。我第一次出国不懂得置办什么行装，还买了些肥皂、手纸之类的，反正在国内用的都带上了。我们把一包一包东西带回饭店，孩子们看了很不高兴，说怕我们变成地主，还问我们怎么有这么多东西。大女儿也犯愁说，她在太行山区看斗地主，他们家就有这么多包袱，你们可不能那样。我们反复解释我们不会变成地主，他们还是不放心。当时不仅仅是孩子有这种朴素的感情，有的同志也说，你们什么工作不能干，偏偏做这个工作!当年在根据地，连我对派到敌占区工作的同志的打扮都想不通，同志们和孩子的顾虑都是可以理解的。

1950年7月中旬，我们离开北京，途经苏联莫斯科去匈牙利赴任。这是我第一次当大使夫人，它们完全是两个战线，反差极大。就说穿高跟鞋吧，脚上很快就磨出了茧子，每走一步都很疼痛，于是只能在外交结束后马上就换上平底的鞋。因此，我做了那么多年的外交工作，没穿坏过一双高跟鞋。我也想不通啊，为什么非要这么受罪呢?出国前驻印度大使袁仲贤同志劝过我，说："朱霖，不要生气，我们现在都是演戏，党需要，我们就演。我们男同志穿得整整齐齐是演戏，你们穿上旗袍、高跟鞋，拿上个包包，也是演戏。我们为了党的利益而演戏嘛!"听了他的这些话，我才愉快了点儿。

我当时的内部职务是二秘，负责大使馆的行政和思想政治工作，当然首先就是建馆的工作。初到布达佩斯，大使馆临时设在一家旅馆里，大使把吃住费用算了一下，哎呀!一天简直要花几千几万斤小米。这怎么行!立即联系匈方，他们很快给我们提供了一层旧楼房。我们搬过去，马上自己开伙，不但解决了吃饭问题，而且还可以请匈牙利朋友吃中国菜了。接着就是购置家具了，新家具太贵，每件都要成千上万斤小米。大使叫我按照报上的广告去人家家里买旧家具，当时卖旧家具的大户人家不少，结果买回来的家具又便宜又好，有些直到今天大使馆还用着呢!黄镇擅长美术，亲自搞设计，就这样把大使馆布置起来了。

1951年，朱霖参加波兰驻匈牙利大使馆的招待会。左一为苏联大使夫人，左二为波兰大使夫人，左三为朱霖，右一为匈牙利总书记拉克西。

整理庭院是个浩大的工程，像过去在部队一样，我们也自己动手干。我们先在院子里挖一个大坑，把土取出来，将破砖烂瓦填进去，用挖出来的土铺甬道。在劳动中，我们连鞋袜也脱了，住在周围高楼上的匈牙利老百姓都站到凉台上看。我觉得没什么关系，我们勤俭节约嘛!我们是劳动人民嘛!后来同志们年终总结为这事批评我，说大使夫人不应该脱了鞋袜去挖地，到现在我的档案里还写着“不修边幅”的缺点呢!

院子整理好后，我们就发动大家上早操，地方上调来的同志可以不参加。匈牙利的老百姓都很佩服，说中国同志真是打仗的出身啊!

为了省钱，大使馆的一切工作都是我们自己做。没有仓库，就把包装箱的板子拆下来，一条一格钉成货架子，把东西码得整整齐齐的。大使馆收拾好之后，我们就开始学匈牙利文了。匈文变格很多，是很难学的文字，我经过一段时间的学习，终于能看报纸上的大消息，一般的交际用语也能凑合了。

匈牙利党的总书记拉克西同志知道我在学匈文，1952年冬宋庆龄副主席途经布达佩斯，拉克西总书记拉我给宋副主席敬酒，让我翻译匈牙利文。1953年我们国庆招待会，他对到场的官员说："大使夫人的匈牙利语说得多么好啊!我们国家那么小，她们国家那么大，她们还学我们的语言，真是前所未有！"

1950年11月底，我在布达佩斯生下了第6个孩子，匈牙利同志给安排了最好的医院。我的第一个孩子生在驴圈里，那时我都没有哭叫过，现在就更不会了。没想到1952年回国开使节会议，陈赓见了我说："朱霖，原来你是个英雄啊!"我说什么英雄?他就说，你在匈牙利生孩子不哭不叫，匈牙利人称你是英雄，消息传到国内，大家都知道啦!人家说，中国的妇女真不一样，到底是战争锻炼出来的，真是英雄!

当时，我的四个大一点的孩子放在国内，总的来说很好，比在农村时要强不知多少倍，但也有些新问题。1952年我回国开会时，先去看两个上小学的孩子。我一去，老大黄文很快来了，老二黄山怎么也找不到。老师吃完饭回宿舍，才发现他躲在老师床底下，连忙把他拖出来见我。我问黄山为什么不来见我，他说，老师上课时说北京有特务，我想爸爸、妈妈都在国外，怎么会有妈妈来看我，我不能见她。我听后真是哭笑不得。

接着去看老三，是个女孩，她一见到我就说："妈妈，我在太行山奶奶家的名字叫米囤，人家都说我的名字难听。"我说："米囤表示家里有很多粮食，有吃的，在太行山是个好名字。"她说："老师让我改叫黄浩。"我说："那就叫黄浩吧。"

最后到军委保育院看老四，他是1947年黄镇率领部队强渡黄河那天生的，叫黄河。他早把我忘了，不肯跟我走。我说，上汽车!他才高兴了，在汽车上兴奋地直跳。他再三问我，你是我妈妈吗?我说是。他说，你是我妈妈啊!赶明儿你可得老来接我啊，一听这话，我的眼泪就掉下来了。

我这次回来是开第一次驻外使节会议。会上总理讲了对外的方针政策、对内的要求和组织纪律等，实际上是对两年以来外交工作的总结。这次会议树立了外交队伍的工作作风，树立了新中国外交工作的新风格。

这次会议还讨论了工资问题。当时实行苏联的工资制，最高一级约合500～600美元。我们自己没概念，回国后一算，吓了一跳，怎么会给我们这么多钱，怎么会比毛主席的工资还高!所有大使和夫人一致提出，不要工资，恢复供给制。意见反映上去，结果上面不同意恢复供给制，就减了一次工资。以后大约是1956年，又减了一次，成为低工资制。直到“文化大革命”中，按照毛主席“九九指示”改为国内工资照发，国外分四级发津贴零用费，吃饭包干。

在匈牙利，我们与拉克西总书记等同志结下了友谊。记得有一次吃饭，拉克西同志礼貌地亲自给我穿大衣，他拿起大衣惊讶地说：有5公斤重哟!我马上扒出里面的皮子给他看，告诉他这是我打仗的时候穿的军大衣里的羊皮，粗呢子面子是战利品。他就说，你们都来看，中国同志是多么艰苦，多么好啊!

拉克西夫妇经常请我们去听音乐会。匈牙利的音乐会举世闻名，我是解放军出身的人，加上平时工作太紧张，非常疲劳，在音乐会上就两手交替揪手背，怕自己睡着了，时刻不敢松懈，这是外交场合啊!

他们夫妇还两次请我们去打猎。黄镇枪法很好，第一次一枪就打中了一只野猪。总书记陪中国大使打猎，其实是亲自做友好工作。

抗美援朝在匈牙利影响很大，匈牙利民主妇女联盟发动全国募捐，一次又一次送慰问品到朝鲜前线。列车出发时，拉克西夫人邀请我去车站送行，许多妇女抱着我哭个不停。这就是社会主义阵营，我们的心是相通的。

我当时还担任大使馆党支部的组织委员，和大家一起努力搞好使馆的思想政治工作。记得有一次，一位厨师同志端着一盆牛奶快步往外走，黄镇问他干什么去，他说不小心牛奶坏掉了，要倒掉。黄镇火了，语重心长地说，这要值多少小米啊!过去我们喝不上牛奶，现在大盆往外倒，怎么对得起老百姓?你难道不心疼吗?

“文化大革命”中，就是这位厨师同志对造反派的年轻同志说，当时牛奶坏了，我要倒掉，黄镇同志问我，这要值多少

1953年冬，宋庆龄副主席(右)路经布达佩斯，朱霖(中)在拉克西总书记(左)举办的欢迎宴会上。

1953年，黄镇大使在布达佩斯举行的国庆招待会上与匈牙利主席道比恭祝中匈友谊长存。

小米。这样的领导，怎么能成走资派呢？

当时大使馆的同志亲如一家人，党内经常开生活会，黄镇带头作批评和自我批评，后来这些同志都担任了外交工作的重要职务。

我们在匈牙利工作了4年，深深爱上了这个美丽的国家。1954年夏，我们满载着匈牙利党和人民的深情厚谊回国休假。休假结束后，黄镇和我分别被任命为驻印度尼西亚大使和大使夫人、二等秘书。

临行前周总理在广州接见了我们，总理主要讲了这么几点：一是亚非工作的重要性，亚非人民的独立和觉醒对于当今世界的重要意义；二是印度尼西亚的情况与匈牙利的不同，情况更复杂，不时发生地方叛乱，台湾特务非常活跃，你们去了一定要注意安全工作。总理还一边亲手给我剥柚子，一边嘱咐我一定要协助好黄镇。

到了大使馆，我就马上拜会了正副议长夫人、总理夫人和副总统夫人。我当大使夫人有了一些经验，觉得比在匈牙利得心应手多了。这里与匈牙利不同的是，外交工作中招待会比较多。当时大使馆前面的大厅比较陈旧，举行大型招待会有些困难，于是决定重新油漆一遍。为了给国家省钱，我们女同志都成了油漆工，大家用睡衣代替工作服，睡衣都染成花花绿绿的了。窗帘也是我们自己用缝纫机做的。最后，用中国手工艺品、书画和硬木家具将大厅布置一新，这是大使的事。

印度尼西亚的形势的确不稳定，为了对付特务和地方动乱，我们大使馆遇到的紧急情况非常多，而其中最紧张的就是亚非会议。

我们刚到了半年多，就召开了举世瞩目的亚非会议。为了迎接我国代表团的到来，大使馆上下处于高度紧张状态。因为当时帝国主义和反动派害怕新中国的国际影响扩大，千方百计破坏，结果就发生了“克什米尔公主”号事件。

那天我们正在大使馆给总理和陈老总布置房间，安排代表团住处，结果接飞机的同志回来了，他们低着头说飞机没有到，可能是出事了。哎呀，全馆的同志心都沉下去了。很快电台就广播了，说我们包租的“克什米尔公主”号飞机在沙捞越

1955年4月，发生了谋害出席万隆会议中国代表团的“克什米尔公主”号飞机爆炸事件。图为周总理等在纪念烈士遇难一周年大会和烈士遗骨安葬仪式上。

的古晋上空爆炸，我们代表团11位工作人员和记者，还有3名外国人全部遇难。

当时我们虽然知道总理不在这个飞机上，但印尼方面还不知道，华侨更是悲恸欲绝。黄镇一面指示武官带领调查组立即赶往出事地点，一面带领全馆把悲痛埋在心里，继续做好接待代表团的工作。

帝国主义和反动派以为这场政治谋杀就可以把我们吓倒，当时国内外的确有许多人从安全考虑，希望总理取消行程，但是为了亚非人民的团结和进步事业，为了新中国外交，我们的周恩来总理将个人生死置之度外，毅然亲率代表团来参加亚非会议。

总理于4月16日下午取道仰光飞雅加达，那一天我们大使馆全体出动到机场去保卫总理，所谓保卫也只能是人身保卫，这是当时我们唯一能做的。总理一下飞机，黄镇就抢先一步站在总理跟前，然后我们的公安部副部长杨奇清同志也跟上，他们俩把总理夹在中间，其他同志，参赞、秘书、领事和我都簇拥在总理周围，层层组成人墙，保护着总理向机场外面走。到了机场门口，汽车都编了号在等着，除了前面的开道车以外，第一辆汽车挂了我们的国旗，当然是总理的车。当时黄镇和杨奇清一搂就把总理送上了第二辆车，我还没搞清楚是怎么回事，因为总理上的车本来是我和黄镇坐的。只见黄镇把手一挥对我说："坐头一辆车去!"我马上就醒悟过来，我和翻译上了头一辆车，前边的开道车立即出发，实际上头一辆车就坐了我们两个人，因为车上挂了窗帘，许多人都以为车里坐着周恩来。我当时觉得如果出事我能代替总理是值得的。我们就这么走了很长的路，保护总理回到大使馆。

到大使馆后，总理就住在我和黄镇原来的房间里。房间小得只能放下一张床、一张桌子。那天晚上我们大使馆的同志相约不要大声说话，以免影响代表团休息。实际上总理一夜都没有休息，先是找黄镇等开会谈话，然后就伏案工作，他房间的灯一直都亮着。我们为了给代表团倒房子，更为了保卫总理，就睡在楼下的院子里。半夜过后，总理来了，看到许多同志睡在长廊里，赶紧嘱咐："同志们你们千万不能着凉啊!"

到达万隆之后，总理住处门外面每天都聚集很多人，有华侨、当地人，他们都想看看总理的风采，到晚上11点还不走，总理就走出来，拍拍手，表达感谢之情。

会上反对中国的发言不少，而总理站得高、看得远，最后发言。我清楚地记得总理在万隆会议的发言是下午4点45分开始的。当宣布“中国代表发言”时，会场很安静，原来在走廊上的数以百计的记者蜂拥入场，许多人站在椅子上。周总理安详地跨上讲台，以洪亮的声音开始发表演说。当时给总理作翻译的是蒲寿昌同志，当时他还年轻，但英语特别好。我记得总理讲：“中国代表团是来求同而不是来立异的，中国代表团是来求团结而不是来吵架的……”哎呀!全场掌声雷动，总理每讲一句，蒲寿昌就用准确流利的英语翻译一句。总理的演讲引起了巨大轰动，人们蜂拥而至跟他握手。一个美国女记者也来和总理握手，说：“总理阁下，人们实在太敬重你啦!”

总理在会议期间广泛宴请和联络各国领袖，我一直陪着总理，招待女宾。有时候一晚上要请两次，6点请一次，11点再请一次。当时巴基斯坦财长在会上对我们的态度不太好，总理特意将巴基斯坦总理和财长都请来，以礼相待，结果巴基斯坦总理当着我们的面，批评财长年轻不懂事。记得一次宴请沙特费萨尔亲王和印度尼赫鲁总理、缅甸总理等后，大家一起照相，总理请费萨尔亲王坐在前排中间，让尼赫鲁的女儿英迪拉甘地夫人和我坐两边，他和尼赫鲁等在后面站着。我当时觉得不好意思，想站起来，但总理还是按我坐下。我是女同志，尊重女性嘛!我至今还保存着这张照片。

多年之后，我才知道总理在来印度尼西亚开会前刚刚做了阑尾手术。我们不知道，没有好好照顾他。记得有一次我进屋去问总理需要什么，总理说他什么也不需要，接着马上就继续伏案工作。还是总理的卫士说了一句，邓大姐让我告诉你一下，总理生活上没有什么特别要求，他最多就爱吃点面条或者小包子之类的，吃点蔬菜，没什么要求。我当时不知道总理刚刚做了手术，现在想起来还很内疚。

还有一件让我歉疚的事是，亚非会议结束后，我才得知母亲去世的噩耗。其实早在我启程去印度尼西亚的途中她就去世

1955年4月，周恩来总理、陈毅副总理出席亚非会议期间，与缅甸总理吴努、印度总理尼赫鲁、印度尼西亚总理沙斯特罗阿米佐约、埃及总理纳赛尔在印尼总统苏加诺举行的招待会上。

1955年4月亚非会议期间，周恩来总理(右一)与缅甸总理吴努(中)、印度总理尼赫鲁(左二)和英甘地(左一)在一起，右二为朱霖。

了，组织上怕我一下子接受不了，没有及时告诉我。

我的母亲一直生活在贫困中，她就我一个女儿，好不容易挨到解放，希望我能多接济家里。我到匈牙利后，每3个月给家里寄40万元旧币，1个月只合13万元，也就是后来的新人民币13块钱。对于一个五口之家，实在无济于事。我们的工资本不算少，但过惯了军事共产主义生活，见到工资很难受。抗美援朝期间，我和黄镇扣除了家庭必备的生活费外，其余的工资都捐献给国家了。等我们离开匈牙利时，发现自己倒欠了大使馆的钱，直到转到印度尼西亚大使馆后我们才还清。

1953年夏天，祖母去世了。母亲病重，组织上发电报让我回国，我觉得不能因为家事耽误国事，没有及时回国带母亲看病。1954年回国前，组织上把我母亲接进北京，还没来得及治疗，母亲就患了脑溢血，卧床不起。这个时候黄镇的弟媳带着3个孩子找来，黄镇的弟弟在新四军当兵的时候牺牲了，扔下一家生活无着落，黄镇说我们都包下来吧!不要靠国家。我想来想去，觉得在这种情况下只能把病重的母亲送回家了。当时我已经有了7个月的身孕，但为了节省坐了硬席车，抱着母亲，把她老人家送回了老家。那时我是刚刚卸任的驻匈牙利大使夫人，即将上任的印度尼西亚大使夫人。

与母亲的这次见面成为永诀。父亲是1960年底去世的。我1961年1月回国开会，在北京家中看到父亲临终前给我的信。这封信整整被压了3个月，父亲去世了我才看到，信中说："我病得很厉害，不知你回来了没有，希望给我二两红糖、一两茶叶，我嘴里没味，不愿吃东西。"看信后我哭了，他刚60来岁，就我这么个女儿，他对我也没有什么大的要求，最后那么一点点要求都未能如愿。

忠孝不能两全。作为共产党人，对人民的事业尽忠，对国家尽忠，也就算尽了孝吧。可是，直到今天，我想起自己的父母，心情都是沉重的，我有些事情的处理，未免不近人情，而我只能遗憾终身了。

印度尼西亚的大使馆和领事馆有200多人，是个大馆，外国人叫我黄夫人，华侨叫我黄太太。我对内是大使馆的一秘，负责党委的秘书工作。我下决心利用时间系统地读一些书，提高自己，包括世界历史、地理，中国历史、地理，外交方面的著作，印度尼西亚各方面的资料，还有毛主席的所有著作。我用了7年的时间完成了这个读书计划，光毛主席的著作就读了3遍。这对我做组织工作和政治工作教益很深。当时大使馆的党委和党组织是非常民主的，经常进行批评和自我批评，什么事情都要经过党的集体讨论，我总是带头给黄镇提意见。现在看来，我也有有失偏颇的地方，不是所有提的意见都是对的。黄镇当时常说我："你呀!我在前面卖白面，你就在后面卖石灰!"意思是我老与他唱反调。但总体来说，大使馆的工作是民主的，同志们心情舒畅，工作都是很忘我的。

印度尼西亚还有个特点，就是苏加诺总统有四位夫人，这样就要与这四位都搞好关系，更不要说其他的外交活动了。我

1959年10月国庆节，黄镇大使和夫人在印度尼西亚使馆。

内外两头忙，跟打仗差不多。有一次下午刚开完会，马上就要去参加外交活动，我洗把脸，梳个头，换上旗袍，伸脚穿上我的外交鞋(高跟鞋)就走。走到汽车跟前，印尼的洗衣女工捧腹大笑。她指指我的脚，我才发现我穿的是一只黄皮鞋，一只黑皮鞋。我总共就这么两双鞋，赶紧跑回去换了，自己也不禁笑了。就这样，我们与印度尼西亚领导人的夫人之间还是建立了非常好的友谊。1965年我们已经到了法国，苏加诺和他的日本夫人途经巴黎，还专门来看我们。不过从那之后，我就再没有见到他那四位可爱的夫人了。

在和上层官员夫人交往中，还有这样的插曲。1956年宋庆龄副主席访问印度尼西亚，由即将担任驻华大使的夫人陪同。那个大使夫人是个著名的交际花。有一次她突然拉住宋副主席说："咱们照张相吧!"她把我和宋副主席拉在两边，自己站在中间。摄影师要照的一刹那，我一步就绕到宋副主席右边，刚一站好，相就照完了。我和大使夫人在两侧，宋副主席居中。回到房间，宋副主席说："哎呀!你真聪明，来得真快啊!"我说："我这辈子还没人说过我聪明呢!"其实我当时就是想，我们宋副主席是什么地位，怎么能陪人家照相呢!后来果然这张照片上了杂志，如果当时不急中生智，而是按印度尼西亚大使夫人的安排，那就不妥当也不像话了。

作为母亲，我饱尝了生儿育女的艰辛。我生了7个孩子，大多数是在战争中生的，吃尽了男同志不曾吃到而且也想象不到的苦头。现在一对夫妇只生一个，今天的女同志是多么幸福啊!

记得有一次在紫光阁陪同周总理会见外宾，总理在路上问我："朱霖，你有几个孩子?"我说："7个。"总理停住脚步说："哎呀!你可犯了大错误了!"我指着后边走着的黄镇说："都怪他!"邓大姐只好说，既往不咎，还说什么呀!总理说得一点不错，切身的体验使我深刻地体会到女同志的困难、女同志的付出和艰辛。

做女人还要做母亲，7个孩子的教育和抚养是一个母亲的责任。在出国驻外人员中，这个问题非常普遍。最小的女儿刚刚满月，我就要去印度尼西亚上任，只好找一个奶妈。孩子5个月

1957年，苏加诺总统(左三)和哈蒂妮夫人(左二)到黄镇(右二)大使官邸做客。左一为朱霖。

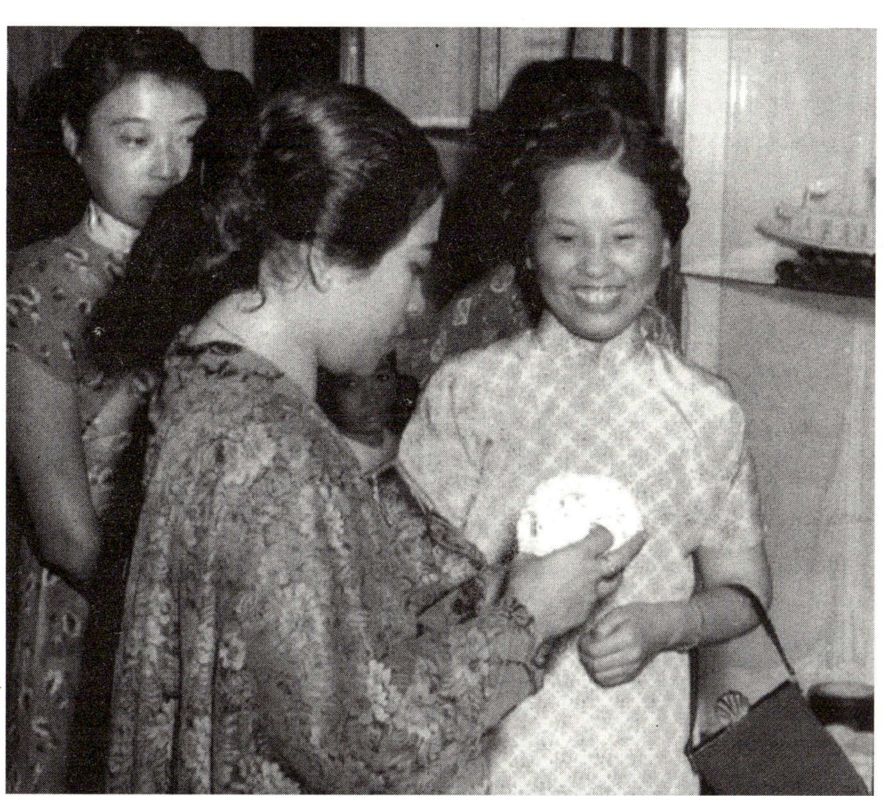

1962年，朱霖(右一)陪同印度尼西亚总统夫人(前印度尼西亚总统梅加瓦蒂的母亲)参观中国艺术展。

就送进托儿所，人家不收，交双份的钱才收下，孩子遭的罪可想而知。老六生在国外，和老五在一起。当回国内上学后，老师对他们很好，但是回到家里，哥哥姐姐们也小，不懂事，骂他们是在匈牙利吃洋面包长大的，说他们有资产阶级思想，还打他们。两个孩子像小媳妇似的受欺负。我们回国一进家门，孩子们就都跑了，大女儿跑不及，就躲在门后。我的眼泪直流啊，觉得自己对不起孩子。

孩子们的表现还都是不错的。从1956年开始，我给上中学的孩子每人每月发2元零花钱，买本子、笔和上学打月票用。有个同志就劝我，说："朱霖啊，你真是山西人，现在生活好了，你怎么才给孩子2元钱？"我说："我不能让孩子从小花钱吃零嘴。我小时候没钱吃零嘴，太行山艰苦时期都能顶下来。现在养成了花钱的习惯，就养不成艰苦朴素的品德。将来再遇到战争，花惯了钱的孩子还能顶住吗？"

1961年我从印度尼西亚回国，此时是国家困难时期。孩子们从学校回来，没什么吃的，我急得自己也不觉得饿了。加上老五从学校回家时，把一个月的粮票都丢了，全家的粮食只好分着吃。高价糖和点心，我一斤也不准买，不是没有钱，而是认为，这比起在太行山的艰苦不算什么。我总是掰开自己的窝头分给他们，大女儿把那些窝头又扔回我的碗里。他们说，我们不饿，吃得很饱。其实是老师教育他们，不能叫苦。看到孩子们这么懂事，我心底里感到宽慰。我们的孩子就是这样和国家一起度过了暂时的困难时期。

自1961年5月从印度尼西亚回国，到1964年6月去法国之前，我一直在国内担任外交部党办副主任兼国外组组长。这个时期最难忘的是有多次机会见到毛主席、周总理和陈老总等我们党和国家的领导人。

其实我第一次见到毛主席是在1948年，当时我在总政工作，走了3里路，到西柏坡看戏。我们在台下席地坐好后，毛主席也来看戏了。他来时，没有人鼓掌，不声不响，正好坐在我前面，警卫员给他拿了个小板凳。他回头看看，发现我是个女同志，马上移了移他的小板凳，笑着对我说："我不能遮住你哦!"

1955年5月，毛泽东主席等国家领导人会见访华的印度尼西亚总理沙斯特罗阿米佐约和夫人及随行官员。后排左三为朱霖。

1955年，我们陪同印度尼西亚总理访华，毛主席接见并照了相，我再次见到主席。这次是我站在毛主席上边一个台阶上，主席一看我站在他上面，笑着说："哎呀!你真是站在我们头上喽!"我们都笑了。我们的伟大领袖就是这么亲切。1963年苏加诺夫人来访，我再次陪同接见，毛主席这次很关心地说，你们在印尼工作好久哦!那是赤道上的国家，热吧?

给我影响最大的是邓大姐，她从来不批评、指责别人，总是言传身教、循循善诱。她对烈士的孩子是非常有感情的。大姐是我们这一代妇女革命和解放的先驱，有一件事我印象深刻。王光美同志要随少奇同志出访东南亚，有人提出，是否到故宫给她借点首饰，还有人提出，最好到上海去制装。邓大姐就语重心长地说："五四运动后，中国妇女走出厨房，反对当花瓶，要求自由解放，参加反帝反封建斗争。今天全国解放，男女平等，生活也逐渐好了，我们的女同志打扮一下，穿戴得好一点，我也不反对。但是，我们国家还很穷，我们又是国家领导人夫人，有代表性，全国人民的眼睛都在看着我们。我们一定要注意朴素大方，对内不能脱离群众；对外，我们只要具有社会主义中国的风格，人家自然会尊重。我们做衣服，北京有很好的裁缝嘛，为什么非要到上海?说到首饰，我们在这方面怎么能比得过资产阶级和皇亲贵族呢?"有同志就问大姐，说："我们没有真首饰，戴假的行吗?"大姐说："我们不能那么做，人家一看就知道是假的。但如果我们去故宫借高级首饰和人家比首饰，我们是革命者，把自己放到什么位置上去了?对内对外，影响都不会好!"

我们的邓大姐就是这么教导我们的。

1964年中国与法兰西共和国建交，黄镇被任命为首任驻法国大使。当时法国朝野上下都支持中法建交，这股热情汇成了当时的"中国热"，我们首先是这股热情的承受者。记得当时法国政府为了纪念反法西斯战争，沙龙为放映《铁道游击队》举行了隆重的开幕式，我们和许多贵宾应邀参加。我们入场时被记者俯拍下来，报纸上这样写道："在珍珠宝石成河的外交界，中国大使夫妇，男不戴勋章，女不戴首饰，表现了新中国外交家的风格。"当时能被中国大使馆邀请做客，在巴黎社交

1964年，法国政府为放映反法西斯影片《铁道游击队》举行隆重开幕式，黄镇大使和夫人朱霖应邀参加。

界是一种殊荣。

1964年10月，我国第一颗原子弹爆炸成功，举世瞩目，更轰动巴黎。那天我们正有外交活动路过凯旋门，我们的车上挂着国旗，路上的人就冲我们伸大拇指，或者把头伸出窗外，说："祝贺你们!"还有人趴到我们车窗前说："中国了不起!"我们活动结束后回到官邸，简直进不了门了。记者已经等候多时，要中国大使发表谈话。进门后电话不断，我们天天都收到贺电和贺信。

在法国，最难忘的是与戴高乐夫人的友谊。戴高乐总统是法兰西共和国的国父，是世界反法西斯战争的主要领袖之一。戴高乐夫人有着很高的地位。我到巴黎后，马上拜会了戴高乐夫人。我们谈的时间很长。那次我还带了一点小礼物——一块绸缎、一条手工的披肩。戴高乐夫人很喜欢，她反复试了披肩之后说："早就想得到这么一条披肩了。"

过了几天，总统府通知大使馆说总统夫人要回拜大使夫人，这在巴黎和各国外交界是前所未有的事情。我也作了些准备，招待总统夫人的茶点是中国绿茶、春卷、火腿、枣泥芝麻饼，还倒了一杯皇宫里发明的桂花酒。那次谈得非常好，总统夫人说，我丈夫和您丈夫都是将军，他们很谈得来。临走我送给总统夫人一包荔枝干、一包蜜饯和两瓶桂花酒，并说明酒是给戴高乐将军和夫人的，蜜饯给他们的孙子。1966年初，周总理在人民大会堂接见我们的时候，看到我就说：“朱霖啊，你是世界有名哦!”我吓了一跳，总理接着说，你看，戴高乐夫人到大使馆回拜你这个大使夫人，这不是世界闻名的消息吗?

戴高乐夫人帮了我们很多忙，包括收回被台湾当局占据的大使馆的房子。他们晚年的时候跟我说，法国有句谚语，大意是说人在上天堂之前一定要去中国看看。总统夫人说，我们夫妇很愿意去中国访问。我立即表示热烈欢迎。但很可惜，1969年戴高乐总统竞选失败，退出了政坛，隐居在科隆贝双教堂村，不再与公众见面，他们访华的愿望也没有实现。1979年，戴高乐将军和夫人先后去世了，我感到非常悲痛。戴高乐将军不受世风左右，在西方大国中率先与新中国建交。他是一代伟人。

我们于1973年3月离任回国，后来继任的是曾涛大使和朱黎清大使夫人。

1972年，毛主席、周总理和尼克松总统共同打开了中美关系的大门，为新的世界新秩序制订了蓝图。1973年5月，黄镇和我以及驻美国联络处的第二批人员到达华盛顿，与韩叙等先期

1973年，离开法国前夕，朱霖(右)同美国国务卿罗杰斯夫人(中)在中国使馆。

到达的都下榻华盛顿五月花旅馆，我们在这里开始了中国驻美国联络处的工作。

7月4日是美国国庆日，白宫和国务院特别安排我们在屋顶的花园看焰火，举行宴会。美国官员说："我们欢迎你们的到来，你们才是中国的真正代表，非常遗憾，我们美国人干过不少愚蠢的事。"10月1日中华人民共和国国庆节到了，我们在五月花旅馆上空升起了鲜艳的五星红旗。中华人民共和国成立24周年的时候，五星红旗第一次在华盛顿上空迎风飘扬，这个时候我深深体会到毛主席的英明。当晚，我们举行了盛大的招待会，来宾有500多人，盛况空前。基辛格国务卿率领国会、白宫、国务院的官员到会。美国著名的记者安德森没有接到邀请，但自己跑来，采访了旅馆老板、工作人员乃至服务员和附近的建筑工人，写了著名的报道。后来许多人都看了他的报道，对五月花旅馆的中国联络处的工作作风赞不绝口。

后来，在另一次外交场合，美联储局长伯恩斯祝酒时说，他们夫妇曾到中国联络处参加宴会，回家的时候，司机告诉他们，联络处也热情招待了他。他们听了非常感动，觉得我们不分上下，友谊是真诚而且平等的。

1973年，尼克松总统和夫人邀请黄镇大使和夫人朱霖到美国的西部白宫做客。朱霖(中)同尼克松夫人(左)亲切交谈。

在美国5年，我结识了三位总统、总统夫人，另外还有老布什总统和巴巴拉夫人。我们到任不久，尼克松总统和夫人就请我们去西部白宫做客，并且安排总统专机接送。总统专机从华盛顿军用机场出发，一位安全官员开玩笑说：“黄镇大使，你现在可以拿起话筒给美国三军下命令，像尼克松总统一样。”大家都哈哈大笑。在飞机上俯瞰美国国土，发现中国的山河多是东西向，而美国则是南北向的多，山区和沙漠很少，难怪美国虽比中国少30万平方公里的土地，但耕地面积却比我们多得多。

我们改乘直升机到达西部白宫草坪，基辛格已经等在那里。尼克松总统随后亲自开车来接我们，帕特丽夏夫人站在大门口迎接。在那次聚会中，我记忆最深的是尼克松夫人的话。她突然站直身子，用手势把我的视线引向西方，很带感情地说：“你看，这不是太平洋吗?那边不就是中国吗?我小时候也住在太平洋岸边，父亲常指着西方说，那边就是中国。我想有一天应该到中国去，现在理想已经实现。”总统夫人还说：“你看，我们就住在太平洋这边的海岸上，晚间还能听到海浪轰鸣，如果在太平洋上架一座桥，美中两国人民不就联系起来了吗?”我说：“夫人指的是人桥吧！那我们就共同努力建立这座太平洋上的人桥吧!”

总统夫人再次说到了尼克松总统1972年著名的访华演讲的内容，那就是我们不是从一个共同点起步，而是在我们的分歧之间架起一座大桥，中美两国人民创造新的国际关系，将开创人类和平的新时代。

尼克松总统和夫人英明地回应了当时的世界局势。我们最后一次见面是总统因水门事件下台后。我们去看望他们，总统说，打开中美关系的大门是他最骄傲的事情，中国和美国的关系是当今世界最重要的关系。临别时，总统夫人还送我一个腊梅喜鹊瓷雕作为永久的纪念。

我与老布什和巴巴拉夫人是在他们担任驻中国联络处主任时相识的。记得有一次共进晚餐后，布什要与黄镇谈些政治问题，他说，巴巴拉，你去别的房间玩一会儿，朱霖夫人留下，因为她是外交官。谈到某一个问题，他还特意问：“朱霖夫人，你以为如何?”

他们夫妇在北京时，喜欢骑自行车到大街小巷转，夫人说这样可以锻炼身体，也可以对中国有切实的了解。他们离任后又几次来访。1979年巴巴拉是自己来的，我邀请她到家，亲手为她做了好几道中国点心。她说在北京到中国官员家做客是头一遭，非常高兴。看到中国变化很大，衣着都漂亮了，她也高兴，但是看到北京街上出现了广告牌，她说：“这是坏东西!美国公路两旁许多广告牌刚刚取消，你们反而到处竖起来了!”她的意见是坦诚直率的，说明她对中国的友好态度。以后他们夫妇还给我们寄贺年卡，并附有全家照片，包括他们添的几个孙子，养的一只小狗，都在照片上。老布什20多岁就是百万富翁，但家里并没有一点豪华之气。也许因为他当过兵，二战时是一名优秀的飞行员，曾经被日本炮火击中，大难不死，因此，他的风格就与别人不一样。

中美关系走过很长时间的弯路，要加深了解不是一瞬间

1975年10月9日，美国议院议长卡尔艾伯特和议院少数党领袖罗兹访华归国后，在国会设午宴招待黄镇主任和夫人朱霖。

的事，尤其是美国国会的个别议员，不可能一下子就对中国有真正的了解。在这个意义上，尼克松总统、卡特总统、福特总统，包括后来的老布什总统，都能从战略眼光和世界大势考虑中美关系，是非常优秀的政治家。

特别值得一提的是中国人民的老朋友海伦斯诺，她是埃德加斯诺的第一位夫人。20世纪30年代，她继斯诺之后访问了延安，是《续西行漫记》《中国共产党》的作者，是在我们困难的时候向美国和世界介绍我们的美国朋友。我们到美国的时候，她年老体弱，经济拮据，处境非常艰难。黄镇同志多次接见她，安排她到中国访问，恢复了中国人民与这位老朋友失去了多年的联系。我们什么时候都不应该忘记在我们困难的时候，无私支持了中国人民的独立、解放和革命事业的美国老朋友。

美国是个非常发达的国家，许多方面值得我们学习，但是，美国社会并不是人们所想象的那样。根据我在美国生活的经历，也可以清楚地看到，虽然法律规定私人生活不得侵犯，但联邦测查局、中央情报局、银行等利用计算机掌握了大量私人的收入、生活和职业方面的材料，其实是没什么隐私可言的，侵犯私人生活的情况是广泛而普遍的。法律面前人人平等，事实上相反，有钱人就是犯法，交钱就完事了，可是穷人一旦被抓进去，那就无人过问了。

美国是非常强调人权的，主要是在国际上，至于国内，美国民权委员会主席就说："假如你把少数民族、妇女、老人、残疾人、宗教团体加起来，就会看到美国的大多数，就会看到美国制度就是20%的上等人压迫80%的下等人。"美国驻联合国大使安德鲁杨是黑人，他也说，美国黑人通过斗争获得一点生活改善，现在正在消失。1976年，就是在教育上，也是非常不平等的。波士顿的白人为了反对校车同时接送黑人、白人学生，竟然示威游行，闹得很厉害。这就是触目惊心的种族歧视。印第安人被屠杀得差不多了，就给他们一块保留地安身，可是70年代发现那里有宝藏，就又侵占"保留地"，大肆掠夺开发地下的资源。印第安人不服，只有向法院起诉，就给了一点象征性的补偿，这就是人权吗?美籍华人也是被歧视的对象，

1975年，朱霖(左一)和黄镇(右一)参观美国著名艺术家的工作室。尼克松专门作为礼品送给毛泽东主席的一对天鹅，正是出自这位艺术家之手。

1976年，黄镇主任(右三)和夫人朱霖(左六)游览美国佛罗里达州的迪斯尼乐园。

我接触过许多杰出华人，包括科学家、工程师，可是他们升到一定级别，就再也不能升为管理人员。有些人幻想美国遍地是黄金，这种幻想是非常幼稚的。

美国是个贫富差别非常大的国家，今日美国大致有10个大财团。1974年，这10家已经占美国公司资产总额的30％。其中两大财团又占10个财团总资产的一半。进入80年代贫富差别进一步扩大，占全美人口不到1％的富人的收入总和，相当于占全美40％的穷人的收入总和。美国的穷人不但上不起学、交不起房租，而且连看病也看不起。有些访问过中国的朋友经常对我说，美国如果现在有中国那样的赤脚医生就好了，那样社会矛盾就会缓和一些，老百姓的寿命就会提高一些，负担也会轻得多。

美国的犯罪和浪费也是惊人的，单说汽车这一项，不要说资源的耗费，就是每年死于车祸的就有5万多人。他们在越南打了8年才死了45 000人。国民党元老顾维均晚年住在纽约，常到中央公园去游逛，三次被抢，有一次他身上没带什么钱，强盗还把他好好训了一顿，让他以后一定要带钱，他只好允诺。

还有一种奇怪而又不奇怪的现象，据华人讲，20世纪60年代初，美国社会秩序很乱，黑人犯罪率很高，但是黑人从来不伤害中国人，华人的家和店铺从未受到过损害。我在一次招待会上见到一位黑人大学生，他告诉我：“开始我们不相信中国能援助非洲。后来听说中国人援建了坦赞铁路，我为此专门去考察了一次，看到中国人真正是非洲人的忠实的朋友。”1976年周总理、毛主席先后去世，许多非洲人来联络处吊唁，他们并不是非洲驻美国的使节、外交官。有的男女老少一起来，好像就是普通黑人老百姓。这让我很感动。

作为一个在美国工作生活过的人，我应该实事求是地说明我见到的美国，而且我们的确要思考，的确要广泛地学习各个国家的长处。但是，我们是不是要走美国那样一条路?我认为作一个实事求是的对比，对于今天的中国，特别是年轻人是非常重要的。

1977年，我们奉命从美国回到北京，黄镇同志被任命为文化部长，我仍然留在外交部，我们马上着手进行拨乱反正、平

1979年夏，黄镇70周岁，在北京照的全家福。

反错案的工作。

实事求是，为人民服务，这是我们的宗旨，我们按照这个宗旨去做，就无愧于人民。

1983年9月全国妇女五大召开，我被选为中直代表团团长。我声明，将来的工作要靠更年轻的女同志去做，我今后不再担任这样的工作。但是，作为一个亲身参与了妇女在漫长的20世纪求解放的伟大斗争的女同志，我今后一定要继续自尊、自

80周岁时的朱霖。

强，为妇女解放的事业奋斗下去。

1982年1月，我给政治部和党委写了离休报告，还抄送给了中组部。报告送上去，领导过了很长时间才找我谈话，要求我再干一两年。我说长江后浪推前浪，有一大批忠诚于人民事业的年轻人上来，我们的党才会兴旺发达。我是做政治工作的，这样的事情，我必须带头。

1982年9月30日下午，我站完最后一班岗，将存在办公室的书籍捆起来，拿起办公桌上的水杯，高高兴兴地离开了我工作了大半生的外交部。

离休之后我的生活是很好的，不愉快的事情当然也有。比如有一次我要去参加一个老战友的追悼会，给车队打电话要车，那里的同志说“什么汽车队？现在没有车!”我知道，他们抽老同志的车去赚钱分红，却不准我们用车。我走到街上遇到小青年背后一拳：你这个老太太!到菜店买菜，人家嫌我动作慢，训斥一通，看个病也要看人家脸色。对于这些我也没有什么想不开的，自己就是一个普通老百姓嘛!所以领导问我有什么困难，需要什么，我说我什么都不要，只要共产党人的忠诚、老实，老实人最终是不吃亏的。

1988年，我随黄镇同志回到太行山革命根据地。从1937年算起，我们是三上太行山了。在太行山我们走了20多个县和广阔的农村，亲眼目睹了解放以来，特别是十一届三中全会以来农村发生的巨大变化。在左权同志牺牲的地方，山西省左权县，从1980年到1988年，财政收入增加了近4倍，工农业总产值增加了一倍多，农民的人均收入则增加了近5倍。非常明显的是，其中农民的收入增加的是最快的，其次是县财政，然后是工农业总产值。从这个非常明显的结果来看，也可以一目了然地看到，国家的政策明显地向农民利益倾斜，农民收入的增加尤其是与副业和多种经营的发展有关。黄镇走到每一家，都要去看看米缸里的粮食满不满，看到都是以细粮为主，我们才放心。在涉县，我故意向县委提出要吃当年吃过的柿子皮糠炒面和糠饼子，县委派人去张罗了两天，才拿来两斤质量大大提高的糠炒面，糠饼子最终没有找到。这说明太行山人民吃糠的时代一去不复返了，我们也终于放下心来。解放以来，农村的变化是非常大的，主要是解决了农民吃饭的问题。组织起来才能发展生产，组织起来才能战胜自然灾害，这就是太行山区产生天翻地覆变化的基础。但是在过去的发展过程中，我们也犯过一些错误，主要是过于强调“以粮为纲”，而忽视了副业和农村集市的发展，造成了长期的增产不增收，农民收入长期徘徊不前的情况。三中全会以后，随着农村政策的调整，这个问题终于得到了解决。

农村商品经济的发展会不会产生两极分化?会不会产生一个扰乱农村社会的黑势力?会不会产生一个威胁基层党组织的资产阶级？这是过去长期争论的问题。但通过这次调查发现，只要党的基层组织建设得好，这种情况就不会出现。如河北涉县西戍村的女支部书记刘金鱼同志，她当年曾经帮助李雪峰同志奶过孩子，如今她带领群众开矿，赚的钱先盖学校，然后给教师提高工资，她带领党支部不拿钱。这里不愧是党的基层组织最早建立起来的地方。我们感到，只要党的基层组织在，建设的好，我们的农村就会更好地发展。在太行山，我们经常夜不能寐，见到熟悉的乡亲、英雄、模范，也到每个烈士陵园去鞠躬致敬。黄镇自言自语地说：“同志们，战友们，你们已在此地躺了几十年了，而我们却享受到了新中国的一切，我们和我们的后代一定对得起你们!”我们都流出了眼泪。我们这些老战士，亲眼看到我们牺牲了那么多优秀儿女，看到我们党、我们国家走到今天，多么不容易啊!我们到了古稀之年，不放心啊!

11月底我们回到北京，感到这里显然和革命老区的气氛不一样。一些人只顾眼前利益，不惜损害国家和人民的利益。一些党员、干部以权谋私，严重败坏了党风和社会风气，更有人打着改革的旗号瓜分国家和人民的财产。我心情非常沉重。1988年5月，我谈到这样不注意阶级斗争，不做思想政治工作，党不管党，发展下去，有一天人家就要打倒共产党，杀共产党人——说到这里，我竟失声痛哭。我是来自社会底层的革命者，对那时的腐败现象深恶痛绝。我走进革命队伍，就是为了打倒那个腐败横行的旧社会。我虽然退下来了，但我还是一个共产党员，还是一个女战士。共产党是人民的勤务员，共产党人没有特殊利益，我认为忘记了人民就是背叛历史。黄镇同志感到腐败问题会威胁我们的中国共产党，他特别担心农村基层的党组织会垮掉，于是写了《思想政治工作时刻不能放松》给中央。我也非常着急和担忧。我开始写我的经历《大使夫人回忆录》。1989年底，就在我的书后记刚刚写完的时候，我的老伴黄镇同志，突然永远地离开了我们。一次小小的手术竟然夺去了他的生命。

黄镇一辈子没有卖过字画，为了太行山打井的问题，他回京后给主管这方面工作的同志每个人都写了一幅字，自己出钱裱好了，送给人家。黄镇说："求求你们，给太行山的老百姓打井吧！"

黄镇同志一生在战争和工作中度过。在长征的路上，他一路写生，这些画的价值是不能用金钱来衡量的。1947年他率领部队强渡黄河，揭开了人民解放战争战略转折的序幕。消息传来，我们的毛主席高兴啊！50年的共同生活，他一直帮助着我。他在生命的最后时刻还关心着党和国家的命运，却从来没有考虑过自己。

我是一个普通的农村女孩子，是党和人民教育我走上为人民、为民族求解放的道路。中学时代的一个女共产党人告诉我说，要少想自己，多看看国家和社会。我希望我的一生是一个对人民有用的人。是啊，"人最宝贵的是生命。这生命，人只能得到一次。人的一生应当这样度过：当回忆往事的时候，他不至于因为虚度年华而痛悔，也不至于因为过去的碌碌无为而羞愧。在临死的时候，他能够说，我的生命和整个经历，都已经献给世界上最壮丽的事业——为人类解放而斗争"。

我现在经常想起我们的毛主席，他在西柏坡告诫全党，务必要保持革命战争时期那么一股劲，那样一种拼命精神，务必要保持艰苦奋斗的优良传统和作风，我们是万里长征才走完了第一步。夺取全国胜利只是万里长征走完了第一步，今后的任务更艰巨，更艰苦，也更伟大，我们共产党人是进京赶考啊!

那年我29岁，刚刚把分散在根据地的孩子接到身边。那一年我们从很遥远的太行山，冒着炮火硝烟，一步步走进了新中国……

从边城走向世界

赵兰香

愚公移山，改造中国。赵兰香是从宝塔山下、黄河之滨走向中国和世界的中华民族优秀子孙中的一个。时至今日，从陇东边远山区考进北京读书的女孩子都要来见见赵兰香。对今天的女孩子来说，赵兰香的故事还是她们心中的传奇。

“青线线那个蓝线线，蓝格盈盈的彩。”“一十三省的女子就数那兰花花好。”20世纪30年代，凤城庆阳出了三只“凤凰”，领头飞走的便是赵兰香。

她们这一代人走过的妇女解放的历程一直影响至今。

赵兰香，“提起家来家有名”，1923年出生在甘肃陇东庆阳县。

庆阳别称“凤城”，相传周祖是骑着凤凰来到此地的。陇东是黄河文明和中华民族的重要发祥地。

1939年，年仅16岁的赵兰香在红军女战士的影响下，冲破封建传统的束缚，在边区兴办的庆阳县女子小学教书，成为庆阳县第一个走出家门参加革命工作的女性。

1941年，赵兰香在陇东抗日根据地与八路军129师385旅副旅长兼副政委、参谋长、庆阳县城防司令耿飚结为伉俪。

1943年，赵兰香从庆阳骑马到延安。白天赵兰香在延安大学中学部学习，晚上在窑洞里“纺线线”。

1944年，赵兰香参加中国共产党，随后耿飙奔赴前线，赵兰香回到甘肃省西华地区工作。面对当时卫生状况的落后，旧式接生的愚昧，赵兰香积极参加学习助产训练班，宣传新接生法，极大提高了边区婴儿的存活率。

1946年，解放战争开始，赵兰香跟随着解放大军东征西讨，从四平保卫战、保定解放战场到解放石家庄，从出兵紫荆关，到红旗插上太原，大军直指西北，踏破贺兰山阙。

1950年，赵兰香随耿飚调入外交部工作，曾任我国首任驻瑞典、丹麦、芬兰大使馆三秘、大使夫人。

1956年，担任驻巴基斯坦大使夫人、三秘。

1964年，担任驻缅甸大使夫人、三秘。

1969年，担任驻阿尔巴尼亚大使夫人、三秘。

1970年，担任中共中央对外联络部部长办公室秘书。

1979年，赵兰香结束外交工作，随同耿飙调回部队。

我于1923年出生在甘肃省庆阳县，我们那里虽然是个小地方，但在历史上是很有名的。当年“周祖不窟以失其官，率部族奔赴此地”。故庆阳有“周旧邦”之称。可是在我的记忆中，小时候那里可封建呢！我家里过去还算殷实，到了我爷爷这一代家境就败落了。后来我的母亲只能靠借亲戚朋友的面粉蒸馒头出去卖，来维持我们这个家。我母亲生了三个女儿，就活了我一个。

虽然家境困难，母亲没有什么文化，但她很善良、开明。我小时候就没有缠脚。那时候，在我们这个边远的县城里，女孩子是不让一个人出门的。我当时非常想读书，贫寒人家的孩子是读不起书的，何况我还是个女孩。可是父母亲还是不顾世俗偏见，在家庭拮据的状况下，送我到学校去念书。那个时候县城连小学都是男女分开的。我读的是女子小学。后来，庆阳县妇联的同志来采访，他们总是问：当时的庆阳是那么的封建、落后，女孩子都不让一个人出门，你当时怎么能出来参加革命?

那要从1937年说起了。1937年，红军进驻庆阳，但是县政府仍然是国民党的县政府。当时他们住在街道上，红军女战士常到我们学校来，她们来教我们跳舞、唱歌，宣传革命道理，还借给我们书读。我受到她们的影响，非常羡慕她们，凡是她们组织的活动我都积极参加，学校开始对我的举动不满意。有一次，我看了红军教导团的表演后，就写了一篇作文，那里面表达了我对红军的欣羡之意。教员看后竟然向学校提出要把我开除。后来直到这个教员被调走，我才又重回学校读书。

1939年，国民党制定了“防共、限共、溶共、反共”的方针。国民党顽固派破坏群众组织，封锁八路军的粮草，袭击庆阳的八路军，并声言要消灭陇东八路军。这种摩擦越来越厉害。后来我才知道陇东是陕甘宁边区的南大门。陕甘宁边区共有23个县，在第二次国共合作时，国民党政府被迫承认它的合法地位。但是国民党的顽固派反共反人民的本性没有改变，他们用军事上包围、政治上打击、经济上封锁等卑劣手段，想消灭我们这块抗日根据地。耿飚后来回忆当时的状况时曾经说，毛主席当年对他说“鸟有窠，毛毛有摇篮，革命要有根据地”。后来八路军赶走了国民党的县政府，成立了人民的县政府。385旅就驻扎在我们庆阳的田家城。

不久我曾就读的庆阳女子小学来了三位从延安派来的女干部，从事教学工作。由于刚刚解放，不少家长不了解也有些害怕军队，因为国民党的军队糟蹋老百姓，我们都恨他们呀！女校一听说军队来了，学生都跑光了。不少家长不敢让孩子上学。我那时小学六年级刚刚毕业，在1937年的时候就看过红军女战士借给我的书，从那时起我就朦胧地感受到共产党抗日救国，是为老百姓做好事的，男人女人是平等的。我就同女干部挨家挨户地去动员家长。因为我是当地人，又是女同志，他们看到我就很放心。后来我们的宣传工作开展起来了，又有一些女同志出来工作，就这样冲破了当地女子不能出去工作的传统封建观念。我成了庆阳县城第一个走出家门参加社会工作的妇女。我在庆阳女子小学一年级教国文和美术。当时生活还是很困难的，政府经常补助我一些粮食，记得冬天还发了边区自制的粗布背心和棉裤。那时，正是国民党对我们边区进行经济封锁的时候。359旅和385旅响应毛主席的号召，开展大生产运动。

耿飚那时担任385旅的副旅长、参谋长、庆阳县城防司令。他们既要打仗，又要搞生产。那时385旅在庆阳东北的子午岭大山里，开垦荒芜的土地，进山开荒屯田。

当时那一带野兽很多，不但糟蹋粮食，而且虎豹猛兽还经常咬伤人畜。后来他们就组织战士打猎，打到了豹子、老虎等许多野兽。那时不像现在要保护珍稀野生动物。耿飚后来说，他派人送了一只老虎给毛主席、朱总司令等中央同志。毛主席对朱总司令说：你能不能一个人把它举起来?朱德同志试了试说：“不行，得吃掉‘九牛二虎’才有那么大的力气呢!”

1940年夏天的一天，我在学校看到一位穿着军装、扣着绑腿、长得很帅、个子高高的八路军首长。他穿的军装已经洗得发白了，但很整洁，风纪扣系得紧紧的，英姿飒爽的样子。我们的校长赵文兰就向我介绍说：“这就是385旅的副旅长耿飚同志。”他讲话很温和。记得他同我聊家常，问我家里有几口人，工作怎么样，我当时感到这位首长对人和蔼亲切，没有一点官架子。他留给我的第一印象非常深刻。我忘不了，觉得他挺好。当时的赵校长就是后来的总政部副主任甘渭汉的爱人。那时甘渭汉是385旅的政委。其实是他和赵文兰校长有意牵线，后来甘政委和赵校长一见我们就提起他们是怎么给我们当红娘的。

我俩的事情，我父亲知道后坚决反对。因为我是他的独生女，他只有我这么一个女儿，嫁了八路军不就被带走了吗?那时庆阳的姑娘哪儿有嫁给八路军的?他希望我找本地富裕家庭出身且有身份的女婿，这样就可以不再受穷受累了，他和母亲可以有个依靠。再说当时兵荒马乱，铁打的营盘，流水的兵，国难当头，军人战死沙场是常有的事情。父亲的心情我能理解。

可是耿飚的开朗、热情、风趣、果敢和他的传奇经历(他是从湖南衡阳水口山的矿场到了井冈山的，经过了长征)，早已深深打动了我，我当时是非他不嫁了。耿飚为了说服我父亲，就请当地有影响力的庆阳县商会会长做工作。母亲是支持我的，父亲最终同意了我们的婚事。

1941年7月5日，我和耿飚就在我们学校的一间教室举行了婚礼，385旅的首长和我的同事还有亲朋好友都来了，祝愿我们白头到老。我到现在还记得我俩一起举杯，没有山盟海誓，没有甜言蜜语，而是说了相互勉励的话：一定要革命到底。

结婚后，我们住在385旅旅部的窑洞里。那时边区军民一边进行大生产，一边回击国民党的进犯。国民党对我们的经济封锁和进攻连连失败，385旅还在庆阳的山区里种出了陕北稀有的大米呢!除了自给自足外，大部分交中央和其他部队。

我当时仍在学校教书，我们的生活很艰苦，但耿飚是个乐观向上的人。他什么都会干，多才多艺，会吹笛子、弹月琴、画画、刻图章，还会修表，长征路上同志们的表坏了，都找他修。他还会照相，长征时，他照了一路，随身还带着冲洗的东西。斯诺先生到延安时，借去了他长征照的照片，后来说是托丁玲还，战争年代嘛，都丢失了，太可惜了！耿飚因为出身贫寒，只读过两年的私塾，在庆阳驻军的时候，他借了全套的中学课本，利用晚上的时间自学。我的文化程度也不高，我们俩就在油灯下，互帮互学。

1942年，组织上送我到庆阳中学学习，当时是为了培养地方干部，我还参加了新法接生的培训班。当地的妇女生孩子，都是老婆婆接生，孩子有很多都活不了，我们就大力宣传新接生法。学生们还组织了剧团，排演些节目，我也参加演出。我当时还帮孕妇接生过，当看到孩子和孕妇都平安，可高兴了。在旧中国，女人的地位是很低的，边区政府除了进行生产、改善人民生活以外，就是推广新民主主义的现代文明，保护妇女儿童，包括宣传婚姻自由、推广新接生法、教她们识字。《刘巧儿团圆》戏中演的是在陕北，其实就是发生在庆阳的故事，是真人真事，名字就叫刘巧儿。所以共产党的工作是从妇女解放开始做的，我们就是第一批出来工作的。

所以我那个时候出来工作，又嫁给共产党的军人是很不容易的。国民党当时搞反动宣传，有很多老百姓开始是不相信共产党八路军的，就对我母亲讲，人家要把你女儿带走啦！

1942年耿飚接到调令，离开385旅去延安中央党校学习。当时毛主席提出，干部要好好学习，总结六大以来的经验教训，提高全党的思想水平，准备开七大。

1942年我生下了大儿子，耿飚对我父母有个承诺，就是我娶走了你们的女儿，就把我的儿子留给你们。我要离开父母前很伤心，他们只有我一个女儿呀，于是我把儿子留给了父母。下了决心，我就骑着马，走了四五天，有几百里路呀，那是山路。路上我不敢想孩子，一想就走不动了，就想到了延安我还能继续读书，耿飚在呀。

我是第一个独自走出庆阳的女人。骑马来到延安以后，我进了延安大学中学部学习。我们住在山上，白天学习也在山上，做饭是在山下，吃饭的时候，要到山底下去打小米饭、盛菜。每次两个值班的同学抬着大桶往山上送，那装饭的桶可沉了。

为了打破国民党反动派的封锁，毛主席发出了“自力更生，丰衣足食”的号召，延安轰轰烈烈地开展起了大生产运动。我们当时每个人都有生产指标，耿飚就拿出他的钳工手艺，为我制作了一部手摇纺车。每到星期六晚上，耿飚都来接我，他扛着我的纺车，大步流星地走在我前面，我在后面紧紧跟着。那路可不算近，有十多里地呢！周六的夜晚和星期日，就在中央党校宿舍前的空地上，耿飚帮我纺棉花、织袜子，他比我纺得匀、织得快。我们又在门前开了一块地，自己种菜。记得我们住的地方老鼠特别多，耿飚就自己做了一个老鼠夹，夹住的老鼠又肥又大，埋在菜地里当肥料，所以耿飚种的白菜每蔸都有20多斤。我们就是靠这些工作来保证我们的生活。那时我们快乐得很，除了学习、工作，什么都不想。

那时候，全党有了一次集中学习的机会，延安就是中国的希望。

我就是在延安见到毛主席的。他有一次从我们的窑洞前走过，高高的个子，穿着带补丁的裤子，步子很沉稳。当时我就觉得他很伟大。后来再见到毛主席，都是他接见外宾，我们陪着外宾一起去的。耿飚的父亲曾经从湖南千里迢迢地来到延安。老人家久闻毛泽东的大名，想要见见毛主席，耿飚就带着父亲去拜访毛主席。毛主席就邀请懂中医的父亲留下来“为人民服务”。

在延安的生活虽然艰苦，但你问我这一生什么时候最快乐，那我就说第一是在延安的时候。

耿飚非常珍惜在党校学习的机会，他自学了不少古今中外的军事著作，有《孙子兵法》《七子兵略》《太白阴经》等。他花了40多个小时，把延安图书馆里收藏的日本人写的《克劳什维茨和孙子思想的研究与比较》抄刻油印，分赠战友。他在即将赴抗日前线时，把在党校学习的笔记和照片存放在庆阳我父母家里。可惜呀，1947年国民党进攻延安、陕甘宁边区时，被胡宗南、马步芳的部队烧毁了。只有那本小册子他是随身带着，才保留到现在。

1944年的秋天，记得陕北的秋梨都熟了，耿飚接到正式通知，到晋察冀军区当副参谋长。他在后方蹲久了，就向往枪林弹雨的战场生活。当时贺龙同志想留他在抗大的，为了去前线，耿飚就给毛主席打了一个电话，毛主席给他回了一个条子，上面只写了三个字：“立即来。”毛主席对耿飚说：“胡子是个随和的人呀，莫怕嘛！我先给他打个电话。”毛主席就给贺老总打了电话。贺龙后来对耿飚说：“你想上前线，我何尝不想?我尊重你的意见。”

耿飙上前线，我回到庆阳，在西华镇做医务工作和宣传工作。

战争年代我们是聚少离多。抗日战争即将结束的时候，我就和几位同志一道从延安出发，去晋察冀，跟上耿飙他们的部队。沿途要经过敌人的占领区，日寇盘查得很紧。我们晚上骑马行军走夜路，通过封锁线时，常常是老乡、游击队帮助我们。白天就住在老百姓家里。在国民党控制的地区，也是非常危险的，到处都要依靠秘密交通员护送，就这样我们终于到了晋察冀边区。

到了晋察冀边区，正赶上耿飚他们收复张家口，我就随军到了张家口。从那时候起我就和耿飚在一个部队工作了，我被分配在军区联络处工作。

1948年，耿飚、赵兰香在张家口，照片上的赵兰香正怀着小女儿耿焱。

在大部队解放北平的时候，我们留守处就在离石家庄不远的地方。当时保定还有国民党的部队，他们经常偷袭、骚扰我们。老百姓每天晚上都放哨。一天晚上，发现了敌人，接着就听到一阵一阵的敲锣声，我们几家赶快上了一辆大车，敌人就扑空了。

虽然跟上了部队，但当时耿飚在前线，我在留守处，我们见面的机会不多。但是每打一仗我都特别地担心。解放战争的仗非常多，那就更紧张了。一开始我在后方等着，但后来我就在离他打仗最近的地方等他。有时仗一打起来我五六天都睡不着，但是仗一打完我就能在最短的时间内看到他，那就觉得非常好了。

1949年，北平解放。二野、三野打过长江了，国民党又把希望寄托在西南和西北地区。耿飚当时担任19兵团副司令兼参谋长，中央命令19兵团改隶第一野战军建制，听彭德怀同志指挥。19兵团离开了华北战场，到了大西北。这样我也到了前线工作，离耿飙也就更近了。

1949年，赵兰香同耿飚在太原。

1949年4月太原解放后，耿飚(后排右一)、赵兰香(后排右三)同杨得志(后排左三)等同志和孩子们在一起，合影于19兵团驻地。

那时耿飚养了一条军犬，还是打太原时从阎锡山的老窝里缴获的，是一条日本狼狗。打宁夏时，我们就靠这条军犬传递消息。我写了信，就拴在军犬的脖子上，它能够冒着枪林弹雨、凭着嗅觉找到耿飚。耿飚也写个小条子让它带回来，看到条子我就很安慰。唉——就是这条军犬，我的小儿子病了，它就趴在床前一动不动地帮我看着儿子。

后来蒙古族的一位王爷看上了这条军犬，耿飚为了执行民族政策，就忍痛割爱了。王爷很感动，他把国民党逃跑时藏在地下的电台告诉了我们。真没想到这条军犬又立了大功。耿飚说，这些电台全是印有USA的新产品，功率相当大，就把它留给了宁夏人民政府主席潘自力同志了。

1949年10月1日那天，大西北全部解放，也就在西北全部解放这一天，毛主席宣布中华人民共和国成立了。

我生小儿子志远是1946年，在张家口。

我生小女儿耿焱是1948年。那是在离石家庄90里的村子里面。我的耿焱一岁时，我就去做了绝育手术。当时是在西安附近的医院，医院不大，没有现在这么先进，手术做得不错，一直到现在都很好，当时还没有人愿意接受这种观念。共产党人革命是要把女人解放出来，从各种各样的束缚里解放出来。我想生那么多孩子太耽误工作和学习了，不能再生了，这已经耽误我学习和工作了。我还想要多学点新知识，还要工作呢！我已经有了4个孩子，两个大的放在老家，父母帮我们带着，不容易呀！生孩子时，耿飚都不在我身边。

解放的时候我26岁，就是想工作，要为建设新中国好好地工作。只是没有想到要分配我们去做外交工作。

1950年，在西安刚过了新年，耿飚就接到中央的调令，调他去北京，到外交部工作。

到了北京我们当时住在隆福寺旁边的华北军区的招待所。一住下，耿飚就提议带我们一家去看看天安门。他一讲，两岁的小女儿耿焱就不停地拍巴掌。我们一家冒着零下十几度的严寒，去看天安门。孩子们问这问那的，耿飚看着天安门若有所思。他说这是他第三次来北京，第一次是1946年，他为了争取和平，在这里和美蒋代表在谈判桌上激烈斗争，还受到国民党特务的跟踪和监视。那时的北京灰暗、破旧、阴沉，令人窒息。第二次来这里是1949年初，那是参加平津战役，北平和平解放后，他们精神抖擞地举行解放军入城式，唱着“解放区的天是明朗的天……”然后就挥师西进。他感慨地说：今天是第三次来这里，还带上了你们，又要做外交工作了。

1949年，耿飚和赵兰香把孩子们都接到了身边。右一是大女儿，右二是一直放在甘肃庆阳由姥姥和姥爷带大的大儿子，他的腿患有疾病，在老家没有办法治疗，接回父母身边后，才得以治疗。前排左一是小女儿耿焱，她旁边的是小哥哥耿志远。

1949年，时任19兵团副司令的耿飚和赵兰香在西安。

后来人们说，新中国的大使是将军大使。确实是这样的，10个大使是10个将军。他们都打过仗，当时有姬鹏飞、黄镇、王幼平、谭希林、倪志亮、彭明志等。当时总理找耿飚谈话的时候，耿飚对总理说：“我对外交一窍不通啊！”总理鼓励他：“可以边干边学嘛。再说，抗战时你不是曾经带领美军观察组从延安到了晋察冀吗?在北平不也和美蒋代表在会议桌上打过交道吗?”

说起带美军观察组也不容易，那些美国军事观察员，连陕北的马都骑不了，一上去就掉下来，日本的飞机来轰炸，马跑得四处都是，耿飙就只好用我们两个八路军战士保护他们一个。最后他们总算骑好了，就直冲耿飙伸大拇指。

我们刚刚建国，当然外交工作非常迫切。首先是联合国的问题。你大概不知道，耿飙最早的外交职务本来是驻联合国的中国军事代表，因为新中国建立前夕，中国人民政治协商会议第一次会议就通过决议，不承认蒋介石集团的代表出席第四次联合国大会的资格。建国后，周恩来总理致电联合国秘书长赖伊，严正指出：“只有中华人民共和国中央人民政府才是代表中华人民共和国全体人民的唯一合法政府。”当时中央决定任命张闻天同志为出席联大的首席代表，任命耿飚为驻联合国的军事代表。

可是正当他们紧张地准备的时候，传来消息：由于美国的无理阻挠，我们没有进入联合国。

联合国先不能去，后来周总理就对耿飚说：“经过谈判，我国和瑞典已建立了外交关系。中央决定派你为驻瑞典王国大使。你是我国向西方派出的第一任大使啦！”

当时我们刚刚从山沟的军营里到北京，还没有适应呢，现在又要我们搬到饭店里住，好在行李也不多，我们从华北军区招待所搬到新华饭店，连大人带孩子就一辆吉普车。说实在的，饭店里的卫生设备、弹簧床、地毯，使得我们这些刚从军营出来的人特别不习惯、不自在。晚上睡在弹簧床上，整个身体好像陷在“坑”里，翻个身要花很大力气，还上下颤动，害得人是睡也睡不着，坐也坐不稳。

为了适应这个转变，周总理还给我们这些大使夫人请来一

1950年，即将出使瑞典的大使夫人赵兰香，时年27岁。

位老师，教我们学习外交礼仪。这位老师叫胡济邦。她的爱人后来曾经担任过联合国副秘书长。也真难为她了，要教我们这些从山沟里、农村里和军营里来的女干部、女军人怎么穿旗袍、连衣裙，还教我们怎样穿着高跟鞋走路不摔跤，以及怎样做头发，麻烦得很。我很认真地学，她很耐心地教我们，有问必答。

有很长一段时间我都不习惯，每天要穿高跟鞋，要烫头发。你看，多别扭，很麻烦，穿惯了军装，没办法，还要加紧练习。

训练快要结束的时候，还要彩排。记得有一次，我们这些大使和夫人们，在外交部办公厅副主任阎宝航和胡济邦的率领下，全体人马到北京饭店彩排。彩排的内容是吃西餐，包括怎样安排主人和客人的座位，怎样用刀叉，怎样切肉喝汤，怎样铺餐巾，怎样抹黄油等。每个人都演练了一遍，我也顺利过关了。

1950年，耿飚大使和夫人赵兰香即将远赴瑞典前夕在北京。

1950年3月，罗马尼亚首任驻华大使鲁登科向毛主席递交国书后两人握手。当时，新中国已任命了首批驻外大使，为了让他们熟悉这种礼仪，安排他们在屏风后观摩。

说走就要走了。走以前，这些大使还到中南海怀仁堂内去观摩驻华大使怎样向毛主席呈递国书。他们怕看不清楚，就把中间的窗户纸捅了个大窟窿。总理发现了，就说："要是你们每个人都捅个窟窿，那不就连成一排了吗?人家发现了，那就会失礼嘛!"结果他就用铅笔戳了个小洞，说："这样既可以看，又无伤大雅。"当时有人说："洞太小了，恐怕看不清楚。"总理就对大使们讲了句有哲理的话："你们要善于'小中见大'嘛！"

为什么说是有哲理呢?耿飚说，总理的意思其实是说，在观察国际形势和各国的情况时，要善于从一般情况中发现重要的问题，要学会"小中见大"。

小事情上都要琢磨。这些大使就是从这个小洞向大厅中观看递交国书的。耿飚说：先是孔太小，看不清，后来通过调整距离、变换视角，逐渐适应，终于看清楚了：驻华大使站在毛主席的面前，双手捧着国书一面呈递一面口中致辞。后来这些大使就在小屋里练习。

出发前毛主席接见了10位大使。耿飚后来回忆说，一见到他，毛主席就叫"老乡来了"！毛主席回忆说："长征时我在你那吃过西瓜，酸甜苦辣咸五味俱全，那顿饭吃得很好；在延安还吃过你送来的老虎肉呢——"

吃西瓜的事发生在长征到达甘肃的时候，耿飚当时是红军第一大队的参谋长，杨得志是大队长。毛主席和中央的几位同志到他们大队，耿飚用自己的几个银元请中央的领导吃了一顿便饭，一共两桌，毛主席一看就说："合兵!合兵!"就是说两桌合一桌。"兵合一处，将打一家"，当时把会师叫合兵。吃完饭，上西瓜，毛主席就把辣子、米醋、酱油一起抹在西瓜上，一边抹，一边说："这叫甜、酸、苦、辣、咸五味俱全，吃起来香得很哩!"总理当时就说："这是'五味西瓜'!"毛主席同大使们说了很多风趣的话。那也是很有哲理的话，是什么事情都要尝试一下，什么味道也都要亲口去尝一下的意思。

当时有的同志就对毛主席说：我们不懂外语，怕搞不好外交。毛主席讲："将军当大使，我看好!现在建国伊始，百废待举，我们新中国的外交乃是'另起炉灶'。现在我们的高级干部中懂外语的很少，不懂外语，那也不能不派大使啊!暂时不懂外语，也可以当好大使的。汉代的班超、张骞不是也不懂外语么，但他们出使西域，非但能够不辱使命，而且功绩卓著嘛！”

总理就补充：“你们在使馆是可以学习驻在国的语言的，边干边学嘛！”

毛主席特别幽默，他说：“将军当大使好，好在哪里?你们出去我们放心，因为你们不会跑掉。”

总理也插话：“革命军人，政治觉悟高，立场坚定，纪律性强。”

毛主席通过学外语的事情，谈到了学习与调查研究。记得他说，从长远的观点来看，学点驻在国的语言文字有好处，只有懂得外语，才能阅读当地报纸，才能和别人交谈，也才能做好调研。只有通过研究，才能透过现象看本质。他举例说，如一个国家要出兵，事先总有很多迹象，如动员、军事运输增加以及舆论变化等。通过这些迹象的研究，就可以得出是否要打仗的结论。谈到调研，我们不妨学习宋代的沈括。这个人是调查研究的典范，任何一个国家、民族都有自己的优点和长处，我们只有通过研究，才能学习别国的长处。

毛主席又对耿飚交待了两点：一是到西方国家去，要了解和学习他们经济建设的经验；二是中瑞关系的建立，不但将使两国人民之间、我国和北欧国家之间的友谊得到加强和发展，而且也将有助于世界和平。

总理也嘱咐得很细，说了一句后来很有名的话：外交无小事。

耿飚就这样担任了首任驻瑞典王国大使，兼驻丹麦王国公使，第二年又兼驻芬兰共和国公使。

我说过我是我们庆阳老家第一个独自走出来工作的，也是第一个独自骑马出远门的女子，这一次就更走得远了——是出国了。我走出国门了。

1950年的夏天，我们坐火车先到莫斯科，那时到欧洲一般都是先乘火车经莫斯科转赴各国。火车一开，就咣当一声，震得人头脑发胀。我们一共走了7天8夜才到莫斯科。

1950年，耿飚大使和夫人赵兰香在瑞典。

一到莫斯科，才知道，每年七八月，瑞典国王和王室都休假，瑞典外交部的值班人员希望我们9月再去瑞典。我们在莫斯科呆了近两个多月，哎呀，憋在旅馆里，直到通知我们启程。

我们又坐了整整7天的客轮才到了瑞典的首都斯德哥尔摩。

这一趟的时间真是长，路也真远了。

瑞典很美，也很幸运，他们那么多年没有打过仗。瑞典这个国家是最早同我们建交的，它一直支持我国恢复在联合国的合法席位。它奉行中立和不结盟政策，瑞典王室和政府十分重视新中国首任大使。当时的国王古斯塔夫五世陛下已经是93岁高龄了。

王储阿道尔夫和老国王都喜欢中国的陶瓷，王储还是瑞典研究陶瓷的权威。1950年10月，王储继任国王后，我们多次晋见他，他让我们参观王宫中陈设的中国陶瓷，真是琳琅满目，美不胜收。他20多年前曾经到过中国，欣赏过梅兰芳演出的《霸王别姬》。梅兰芳先生还送过他一枚自己的印章。

当时国王接见是不能带翻译的，我们两个都不会讲，那怎么行呢?耿飚就自费找瑞典人做教师教英语。耿飚在湖南水口山矿山时，毛泽覃教过他200多个单词，算是有一点基础。我是什么都肯下力气去学的，学习吧。我们在休息的时候，还相互纠正发音，他经常帮助我。

我也找使馆的女翻译和同志们来教我，拼命学，拼命记。后来一般的对话我也能讲一点了。没办法，就是拼命学。我除了负责管档案，还要一直参加外事活动。我是个不太喜欢应酬的人，为了工作，没有办法，就是要把工作干好。

那时我也就30岁，后来人家都说当年的土包子，一下变成像模像样的大使夫人，这样的转变有什么诀窍吗?我说诀窍就三个字：自信心!也不是说大话，我们的一言一行都代表着新中国的形象呀！尤其我们是第一批驻西方国家的外交官，西方国家总是拿我们同其他国家的使馆人员来比较，所以我们就不能比别人做得差。为了让大家时刻牢记这一点，耿飚经常组织大家升国旗唱国歌。

结果，我们使馆第一次举行招待会，就来了500多位贵宾。瑞典报纸和电台报道说，中国大使馆举行的国庆节招待会盛况空前，中国外交官首次向公众展示了他们的外交才能。

招待会上，瑞典的军官问耿飚：听说大使是位将军，不知您带过多少兵?耿飚回答："大概十几万吧！"问他的军官一听，马上"啪"的一声立正，给他敬礼，说："您统帅的军队人数，比我们整个国家的军队还要多啊！"

我们在瑞典、丹麦、芬兰交了不少朋友。为了扩大我们的影响，让他们多了解新中国，使馆也请外长的夫人和部长的夫人来使馆坐坐，我们就招待她们吃中国小点心，搞一些活动。

我还认识了一位瑞典女博士朋友。那时正是美国侵略朝鲜之际，他们把各种病菌撒在朝鲜的北部还有我国东北一些地区。我们使馆人员就向各界人士揭露美国这一严重罪行。一开始，一些善良的人士不相信，他们认为美国是个民主的国家，不会干出这种违反国际公法的事。我们用图片和文字来反复说明，他们还是半信半疑的。

这位女博士叫安德烈，她是个具有科学头脑的人，我经常去她家里做客。后来她就去了朝鲜，用了半个多月的时间，在朝鲜北部地区搜集了许多的实物，带回瑞典的实验室，亲自化验，化验结果证实了我们所说的事实。于是她就写了详细的报告在瑞典报纸上发表。接着，其他西方国家的报刊转载了这份

50年代初，中国驻瑞典使馆的全体使馆人员每天都要在瑞典使馆前庄严地升国旗。这里记录的是在耿飚大使的指挥下，全体使馆人员唱国歌。

1950年冬，耿飚大使(左二)和夫人赵兰香(中)在瑞典。当年的“土包子”一下子变成像模像样的外交官。

1951年10月，中国驻瑞典使馆第一次举行国庆招待会，耿飚大使(右三)和夫人赵兰香(右二)在大使官邸招待来宾。

报告，让人们看到了美国真正的“民主”和“人道”究竟是什么。后来耿飚作为副总理出访瑞典时，我们专程去安德烈家探望，她的女儿告诉我们，她已经去世了。

我们这些从艰苦年代、战争年代过来的人做外交工作有什么长处呢?长处是实干，不要官，外交官也不是官。比如说大使馆里，当时就有一位司机，他每天要送人、运输物资，一个人工作量很大，实在忙不过来，耿飚就自己带头开车。开始使馆的同志劝他，怕他失身份，也怕别人讥笑他，怕他出危险。其实，他在红军时期就会开汽车了，后来他自己去考试，还拿到了瑞典的驾驶执照。人家不但没有讥笑他，报纸还说他是“自己开车的大使”。

1951年，我们使馆接到了周总理的指示，还有一封地质学家李四光给耿飚的信。原来李四光和夫人1949年回国时，他们的女儿李林还在剑桥大学读金属物理学博士学位。现在她毕业了，急于回国。

当时欧洲不少国家没有同我们建交，国民党经常阻挠和迫害爱国学生和人士回国。为了保证李林能够安全回国，完成总理和李四光先生的委托，我们就让她转道瑞典，瑞典的大使馆要完成好这个任务。当时的通讯哪有现在这么发达。电报发了容易被发现，耿飚就想办法自己开车到离斯德哥尔摩100多公里的乡村，给李林寄了一封信。在信中他叫她不要声张，装作旅游到瑞典来。这些时候就可以体现我们这些从战争年代过来的人做外交工作的长处了。

1951年，耿飚大使(右一)和夫人赵兰香(左一)同小女儿耿焱(左二)、小儿子耿志远(右二)在大使官邸。

李林到使馆后，我和耿飚一起接待她，跟她聊天，我还特意陪她去看歌剧《茶花女》。我们送她从莫斯科回了国。后来她和她的爱人一同当选为院士，加上李四光，一门三院士，了不起呀！前几年她还到家里来看我们。

我很喜欢北欧国家，虽然冬天很冷，但是夏天很凉爽，风景如画。它们注重保护自然环境，人民也对我们很热情。我们就这么把大使馆建起来，把工作开展起来了。

1956年，耿飚接到通知，调任驻巴基斯坦大使。

他是同韩念龙同志对调的。我们从寒冷的地带，一下到了炎热的地方。耿飚风趣地同韩念龙说："一个是从冰窟窿里跳进火炉，一个是从火炉掉入了冰窟窿。"毛主席讲得更好，说："你们俩，一个热

1951年夏，赵兰香在瑞典。

1951年10月，耿飚大使(中)和夫人赵兰香(左一)在国庆招待会上。

处理，一个冷处理!”

我国同巴基斯坦于1951年建立了外交关系，韩念龙同志出任我国首任驻巴大使。

1956年初，巴基斯坦决定废除自治领制，成立巴基斯坦伊斯兰共和国，由选举产生的总统为国家元首。巴基斯坦是我国西陲的近邻之一，总理说：“‘安定四邻’是我们建国后的一个紧要的任务。为什么?远亲不如近邻啊，只有四邻安定了，我们才能安定。”

我们一到巴基斯坦，就感觉热呀，气候热，人民也很热情。它是刚摆脱了殖民统治的发展中国家。人民的生活水平还不高，但是总统、政府和人民对我们很热情。

1956年3月，贺龙副总理访问巴基斯坦，参加巴基斯坦的建国典礼。米尔扎总统请贺老总和耿飚去打猎，说：“我们三个都是军人，打猎是军人最好的体育活动。”贺老总向米尔扎总统介绍了耿飚的经历，说他打过很多仗。人家就高兴地对耿飚说：“欢迎耿大使出使我国，以后大使有什么困难和问题，无论白天黑夜，任何时候都可以找我。”

1956年，耿飚回国参加中共八大时，有一天早晨毛主席在

1958年冬，赵兰香从寒冷的瑞典调任到赤日炎炎的巴基斯坦，同使馆的女同志在一起。

中南海跟他谈话，说："你在国外都听到些什么?"耿飙说："现在正面的很多，报道我们取得了伟大的成绩，都是独立自主、自力更生取得的。"毛主席就说："当然是取得了一些成绩，我们进行经济建设，主要靠自力更生，但是，也要争取外援，也要和别国有经济贸易往来。因此，从长远看，我们要想办法打破帝国主义的经济封锁。在这方面，你这个巴基斯坦大使要起作用呀!"

毛主席看得是非常远的。抗美援朝之后，我们的东边安定下来了，可是西北、西南的情况还不容乐观。这个地方是中国的腹地，经济和战略的地位都非常重要。在这个地区，巴基斯坦又是重中之重，它不但靠着印度洋，而且是联系西亚和南亚的核心，重要极了。

20世纪50年代中期，美国在拼凑针对新中国的军事包围圈时，就选中了巴基斯坦这个连接中东和东南亚的南亚国家，作为构成其军事、经济锁链的重要一环。当时人们把"东南亚条约"和"巴格达条约"通过巴基斯坦联结起来，形象地称为"新月型反华军事包围圈"。

毛主席讲："巴基斯坦地理位置很重要。一方面，它连接西亚和东南亚，因此帝国主义把它作为对我国实行军事包围的重要环节，而中巴友好则有助于打破这个包围圈；另一方面，巴基斯坦是我国从西面通向世界的大门，打开这扇门，无疑有助于挫败帝国主义对我们的经济封锁。现在，我们对外单靠南大门还不行，还应该打开西大门。"

毛主席"要有两个大门"的思想是非常高瞻远瞩的，今天我们想一想，他考虑得太长远了。所以当时主席问耿飚："你看能不能把这扇西门推开呢?"耿飚就说："我们一定努力，相信能够推开这扇西门。"

我们是发展中国家，发展中国家是我们外交的优势，不是弱点。因为我们能从自己的切实感受去体会人家，从发展中国家的立场去考虑世界上国家之间的关系。耿飙说："我们和巴基斯坦的关系，是互相帮助的关系，这样人家就会把我们当真心朋友。"

当时我们援助巴基斯坦灾区的粮食，不像美国一样，他们在粮袋上面都写上“美国援助”，我们只写“中国”。巴基斯坦官员看见后表示感谢，说：“中国不利用援助作宣传资本，是真诚支持巴基斯坦。”

人家发现我国驻巴基斯坦的新华社记者写的电文上面，“援助”前面没有“慷慨”两个字时，他们就给我们加上了。这“慷慨”不是我们自封的。

援助也是相互的。当时我们每年从巴基斯坦进口棉花。有一次，巴基斯坦出口的棉花涨价，这样一来，就会影响我们国内纺织品的价格，也就影响我们的出口。国内希望大使馆协助解决这个问题。最后巴外交官员主动帮助我们，使巴基斯坦的商人对我们出口的价格没有变，这也是巴方对我们的援助。

特别是巴基斯坦的代表在联合国，一直支持我国恢复在联合国的合法席位。所以我们外交的基础是发展中国家，而核心就是我们是互相帮助的。

我们外经贸部在巴基斯坦举办了贸易展览会，我们在布置会场时竖立了一块毛主席的语录，写的是：“要团结百分之九十五以上的人民。”许多巴基斯坦的官员和老百姓一边说我们展出的商品丰富，一边说：“要团结百分之九十五以上的人民，这个说法好!”为什么好呢?他们说：“你们有56个民族，团结得这么好，值得我们学习啊！”在一个多民族国家里，团结得这么好，今天看看，这真是很了不起的事情。

我们在星期日经常到海边去游泳，有一次就把从国内带来的大木箱集中起来，准备在海滩上修几间淡水浴室。没想到，巴海军司令部给我们运来了水泥，帮助我们建了很像样的浴室，我们就方便多了。这是件小事，但我一直也忘不了。你知道，那个地方是很热的。

1956年底，周总理和贺龙副总理出访五个邻国，其中包括巴基斯坦。我记忆最深刻的就是，代表团抵达东巴基斯坦的达卡(今孟加拉国)时，飞机推迟了时间，下午6点半才到机场。飞机降落时，已经晚了。可是我们发现机场上黑压压的一片，全是欢迎中国代表团的人们。达卡的官员说，欢迎的人多达10万，是从不同的地方自发来的，很多是上午就来了，他们在这里等待了七八个小时。这是很感人的。后来总理说：“这次访问将永远留在我们的记忆里。”总理访巴，算是真正奠定了打开西大门的战略思想基础，体现了我国的和平外交路线和睦邻政策，而且是亲自实践了毛主席的战略意图。

一千多年前，丝绸之路就把我们两国联系起来了。后来我们两国开通了中巴航线。过去到欧洲、非洲、大洋洲都要绕道香港，非常不方便，而且当时也不安全，中巴航线为我国打开西门、走向世界开辟了便捷的道路。还有中巴公路也建立起来了。在联系西亚和南亚的战略要地，我们站住了。这很了不起啊，算是变被动为主动了。毛主席的这个远见是造福子孙后代的。

1960年，耿飚被任命为外交部副部长。我就在外交部人事司工作。

1963年，毛主席指示派一名副外长接任驻缅甸大使，就又想到了耿飙。周总理对耿飚说：“除了因为你符合毛主席提出的‘政治上要强，最好懂政治’这个条件外，还因为你熟悉缅甸的情况，有在南亚工作的经验。”

耿飚是自己先走的，我留下作一些准备。因为这么多年的外事活动，让我对语言交流的重要性深有体会。我一直觉得自己的英语水平应提高，当时我在外语学院进修，我想读完课程再去。

当时，贺龙副总理带着体育代表团要到缅甸去，我虽然

1959年，耿飚大使和夫人赵兰香在印度泰姬陵。

1960年，中国和缅甸关于边界问题的协定和条约先后在北京签订。1960年1月，周总理于北京与缅甸总理吴努在中缅边界问题协定及中缅友好和互不侵犯条约上签字。图为同年9月，毛主席、刘少奇主席会见来访的缅甸总理吴努。

在国内学习，但老是惦记着耿飚一个人在缅甸。像过去打仗的时候那样，我就跟着去了，去看一看。到大使馆一看耿飚的住处，他工作很忙，也没有人照顾他，衣服堆在那里。我不忍心，就留下了。本来想一狠心，上完半年的外语学院，哎呀，不行。他一个人在那里不行，没有人照顾他，先顾他吧。

孩子小的时候，我每次走都是在早上，悄悄地离开家，要不然，孩子哭呀。每次回国休假就一个多月，要参观，要学习。没办法呀。那时是我母亲、父亲照看他们，当时我父母也都六十多岁了。后来，孩子上学了，在八一小学住校，我母亲、父亲每个礼拜坐公共汽车去接他们。他们年纪都大了，我母亲还是个小脚。她是一个典型的西北妇女，很刚强，在最关键的时候，她一直支持、帮助我。

中缅经济合作也很多，我们援助缅甸建设工厂，其中就有纺织厂，而且规模相当大。因为帮助他们搞建设，可以使他们振兴民族工业。这些都是从长远考虑的，那就是发展中国家必须有自己的工业基础，否则这个世界上还是强权国家说了算。

缅甸的华侨工作非常重要。当时我国到缅甸的文艺团体和体育代表团很多。有一次，我国的足球队和缅甸足球队在仰光举行比赛。许多华侨、华裔来看球，他们组成拉拉队，为中国队加油，但是中国队输了。有几位华侨立即来使馆提意见，有的就讲，按照双方球队的实力来看，中国队要高于缅甸队，是中国队有意输球。

耿飚就对他们讲："胜败乃兵家常事嘛，中国队员路途劳累，首场失利，是情理之中的事。"一位老华侨就悄悄地告诉耿飚，有些华侨同缅甸朋友打赌，中国队赢了，缅甸朋友就输钱；这下缅甸队赢了，华侨不但输了钱，觉得脸上也无光了。

我们就劝他们："这次球赛虽然输了，但我们赢得了友谊，虽然你们打赌输了，但也赢得了更多、更有价值的东西。"他们就问："我们赢得了什么?"耿飚反问："你们在缅甸安家立业，最希望的是什么?"他们都说："两国长期友好。"耿飚又讲："是啊!中缅两国友好，是你们最大的利益。打赌输赢算什么?在友好的环境中，才能生意兴隆，财源滚滚。"他们听后，不住地点头，老华侨就说："听君一番话，老朽茅塞顿开!”

1963年至1964年2月，周总理和陈毅副总理率团出访了10个非洲国家和缅甸、巴基斯坦，还有今天的斯里兰卡。

周总理一行是2月中旬到缅甸的，总理在这次来访中回忆了1954年在印尼召开的万隆第一次亚非会议。他演讲的时候感慨万千，总理访问了非洲各国，他说非洲那么多劳动力被贩卖到美洲，因为美洲的印第安人差不多被杀光了。没有劳动力，非洲怎么能发展?非洲过去深受殖民主义之苦，后来又成为原料掠夺地，怎么发展呢?非洲要发展，就要建立自已的民族工业，发展自己的文化。发展中国家不团结，怎么能发展呢?奈温总统表示赞同总理的看法，说总理道出了他的心声。亚非国家应该按照和平共处五项原则和万隆会议的精神团结起来。确立这五项原则，那也是非常不容易的，我们不是那么容易得到那么多国家的拥护和钦佩的，这个历史过程现在很多人都不知道了，忘了我们的外交是怎么搞起来的，基础在哪里。

1969年，中央再次任命耿飚为驻阿尔巴尼亚大使。

总理指示耿飚：“中国和阿尔巴尼亚的关系很好，阿是当前我国外交的重点国家之一。你是‘九大’派出的第一位大使。希望你尽快赴任，最好10日就去。”

到了阿尔巴尼亚，我们积极开展友好工作。那是非常特殊的时代，我国与阿尔巴尼亚之间还有个兄弟党的关系。

但是我们也看到一些问题，特别

1970年，耿飚大使（左二）和夫人赵兰香（左一）愉快地在阿尔巴尼亚农场参加劳动。

1970年冬，耿飚大使和夫人赵兰香在阿尔巴尼亚。

1970年，耿飚大使(前排左三)和夫人赵兰香(前排右四)在阿尔巴尼亚参观展览。

是我国对阿尔巴尼亚的援助的问题。看到我们援助阿国的物资，那么好的钢材水泥，他们不搞建设，就知道到处修建纪念碑，援助的化肥，被乱七八糟地堆在地里，当时我们看了心疼啊！因为当时我们国内物资尚且十分紧张，兄弟党不应该这么做。

后来耿飚就给乔冠华写了一封信，他就转报中央，毛主席看了以后说："耿飚敢说真话，反映真实情况，是个好大使。"后来，中央调整了援阿的政策。

我们自己都是非常艰苦的。就在我们驻阿一年后，一天耿飚搭着椅子爬到高处修理窗帘。他年纪大了，在战争年代身上多处负伤，包括腿上，结果不慎摔下来。他忍着伤痛，爬到桌子旁边给我打电话。我从别的办公室赶到的时候，他还躺在地板上，骨折了。使馆向国内作了紧急汇报。周总理指示，要耿飚立即乘国航飞机飞回上海，做手术。手术是由著名骨科专家陈中伟亲自主刀的。手术后，陈中伟医生特别嘱咐：在耿飚的断骨中打的钉子，应该10年内取出。10年后，陈医生的话果然应验了。但当时耿飚非常忙碌，我又担心他的年龄和身体吃不消，就没有接受手术治疗。现在想想，我当时的决定是错的，那颗松动的钢钉对耿飚晚年的健康影响很大。

手术后，耿飚原本是想回阿尔巴尼亚去的。但是周总理传达了中央的决定，任命耿飚为对外联络部部长。就这样我也从外交部调到对外联络部办公室工作。

后来，耿飚先后在不同的岗位上担任重要职务，如国务院副总理、中央军委副秘书长、国防部长、人大常委会副秘书长兼外事委员会主任委员。1979年，我又调到中央军委秘书办公室工作，算是回到了部队，直到1985年我离休。

1991年，耿飚跟我讲，要和我重返陇东。事先他一点儿信也不跟我透露，但他其实已经跟秘书策划了一年了。他跟秘书讲："我一定要回去看看。"

1991年7月，是我们结婚50周年纪念日。我们就在盛夏回到了阔别50年的家乡。50年前我们在陇东学校结婚的教室还在，我们曾住过的窑洞还在。我很激动呀！

我一夜都没有睡觉，自从1942年离开庆阳县城，我就再也没有回去过。结婚时耿飚送我的一句话是"革命到底"。耿飚

1977年，赵兰香同巴基斯坦哈克总统夫人亲切交谈。

赵兰香出访瑞典时，同瑞典交通部长在一起。

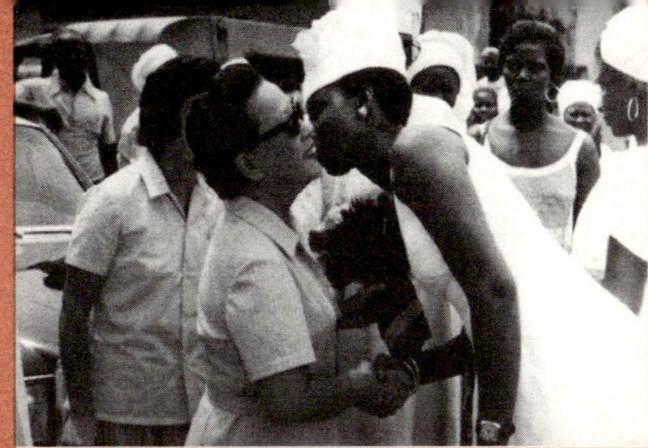

1978年，赵兰香出访几内亚。

1978年，赵兰香出访几内亚时发表讲话。

1978年，赵兰香访问斯里兰卡，参观医院时，巧遇刚刚出生的一对双胞胎。

1978年，耿飚副总理和夫人赵兰香访问尼日利亚。

送我的这个礼物，我一直忘不了。

我们住在县招待所，当晚，招待所外来了许多人，耿飚就叫小女儿出去看看是怎么回事。耿焱回来说：“外边黑压压地来了一群老百姓，有一部分是来看热闹的，还有一部分是来告状的。”后来我的亲戚转给我两封告状信。

离开庆阳县那一天的早晨，耿飚接见了县城的领导，到场的还有甘肃省政委的负责同志。他的心情很沉重，讲了一段往事：“50年前，我们385旅在这里驻防时，部队的一名战士犯了严重损害当地人民群众利益的错误，旅部决定按纪律将这个战士枪毙。当我们在操场上集合了队伍准备执行时，来了一大群老百姓，他们来替那个违反纪律的战士求情。”

耿飙说：“当时我绝不允许人民军队的战士欺压百姓，所以仍然坚持执行纪律，但是，连那个受害女青年的父母也跪下来求情。在场的群众都跪在地上，哭着说：‘共产党都是好人!你饶了这个战士，让他戴罪立功吧!’我就反复向群众说明我们八路军的纪律，可是群众说什么都不起来。最后，我们流着泪满足了群众的要求。”

说到这里，他大声地说：“现在，我要问问今天在座的你们这些人，不管哪一个，如果做错了事，老百姓还会不会替你们求情?”

耿飚于2000年6月23日走了。

他在的时候，家里很热闹，平时只有在吃饭的时候一家才能团聚，他一边吃，还一边讲故事。可是每次他都是第一个吃完饭，第一个离开饭桌。孩子们都喜欢听他讲故事，孩子们小的时候，从不知道打仗的可怕和艰苦，因为他们的爸爸讲的打仗的故事，总是非常有趣。

他讲红军过草地时，粮食没有了，最后只能煮皮带充饥。可是突然敌人来了，红军就把锅里煮的热皮带捞出来，扎在腰上，继续向前走。

我再也没有回过老家。孩子们回去，我就听他们讲老家的事情。一说老家的事我就挺兴奋，每个细节我都想听。1991年回庆阳时，家乡的变化不是很大，我也挺伤心的。2002年庆阳办民俗节，我去不了了，走不动了。耿焱回去拍的照片我看了，家乡有了一些变化。家乡考到北京来读书的女孩子来看我，我很高兴。

想想我年轻的时候，决定了的事，我就去做，决定下就不改了，很坚定的。什么人劝都不行，我的思想还是很先进的。

我老是想，在战争的年代，那么艰苦，我们不顾一切地往前走，却没有时间好好学习，现在有时间了，老了老了却练起字了。现在我每天在耿飚的书房里写写字，画点画。我喜欢安静地看看书，让家里整整齐齐、干干净净的。

1990年，耿飚副委员长和夫人赵兰香同孩子们在一起。

1992年，耿飚副委员长和夫人赵兰香在庭院中。

传奇

朱黎清

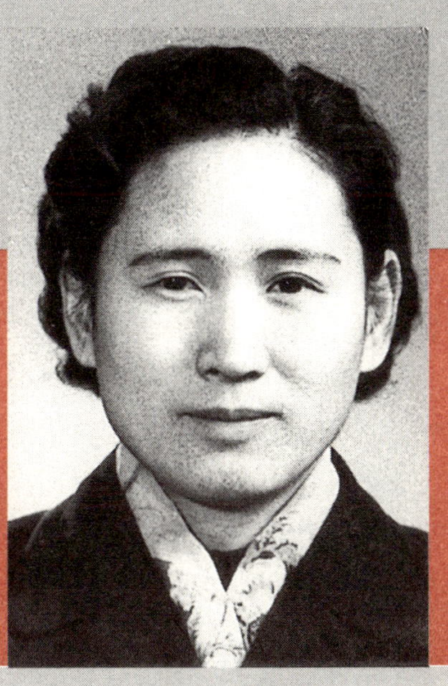

朱黎清老人思路敏捷，从她的精神和外表上看，至少要年轻10岁。

她说："战争年代，我服从党的命令，做大使夫人后第一要服从国家，第二要服从使馆党委和大使。我这一辈子就是服从组织，哪儿有什么传奇的地方？"

"年轻时参加革命连家都不要了，现在老了，能为家乡和老区尽点微薄之力，我感到欣慰。"

朱黎清，1920年生，浙江海宁人。

原名朱丽清，参加革命后曾用名为朱雪之、黎清。

1937年中学毕业，因抗日战争爆发，中断学业。1938年投身抗日救亡工作。

1939年参加中国共产党，在浙江南部地区做党的地下工作。因党的秘密工作的需要，与一起工作的曾涛结为夫妇，1940年底撤至皖南新四军军部，皖南事变前撤至苏北，后在苏中解放区政府部门工作。解放后，先后在上海华东化工局、上海商业部门工作8年。

1960年调入外交部。曾涛被任命为驻古巴新华社分社社长，朱黎清任驻古巴外交代表处秘书。曾涛、朱黎清夫妇只身前往当时还没有同我国建交的古巴，建立驻古巴联络处。临行前外交部长陈毅说："曾涛，你带着毛主席的《论持久战》，大不了跟着古巴人上山打游击，我相信你是应付得了的。"曾涛、朱黎清夫妇带着重过游击生活的准备，到达了加勒比海岸的古巴。在古巴，曾涛、朱黎清与古巴领导人结下了深厚友谊，积极参与了中国与古巴两国的建交。

1962年11月，曾涛被任命为驻阿尔及利亚首任全权大使，朱黎清任大使夫人、一秘。在这个刚刚崛起的非洲国家，朱黎清协助曾涛，为组织第二次亚非会议、应对该国突发的军事政变做了大量具体工作，见证了第三世界团结阵线的崛起。

1970年3月，朱黎清任大使夫人、对外参赞。

1973年6月，任驻法兰西共和国大使夫人、对外参赞。在法国，朱黎清曾陪同复出的邓小平重游旧地，并与总统德斯坦，特别是当时的总理希拉克结下深厚友谊。

1982年底离休前为外交部西欧司副司长。

在外交部我也没做过什么，做了几年大使夫人，一晃就这么些年。

我跟朱霖(原文化部部长黄镇的夫人)一般大。我们这些人呢，都是抗日战争开始时参加革命的。

1937年1月，年仅17岁的朱黎清身穿男学生服摄于杭州。

我于1920年农历十一月初七出生在浙江海宁县路仲镇一个邮电职工的家中，祖父朱翰臣是退休的邮电职工，父亲朱德金在杭州邮电部门工作，母亲是家庭妇女。外祖父家是破落地主，外祖父当过私塾老师，在他的教育下，我的母亲能看书写字。

我是长女，后来又有了两个弟弟、两个妹妹，其中一个妹妹被送了人。我取名丽清，读书时和参加革命时都叫朱丽清。做地下工作后改名朱雪之，到苏北解放区时改名黎清。1944年因同事中有叫李清的，为防叫混，恢复了姓，叫朱黎清，一直至今。

七八岁以前随母亲在路仲镇生活，靠父亲寄钱家用。读了大约一年小学后，全家人随父亲搬到杭州。我在杭州读完小学，为早日自立以减轻家庭负担，考入了杭州私立女子职业学校商科。

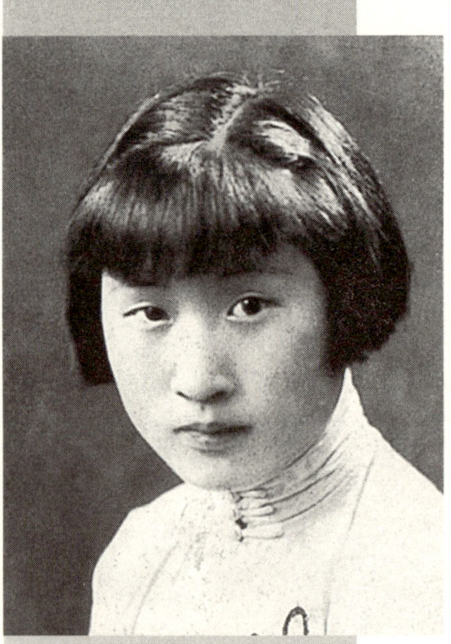

1937年夏，刚刚中学毕业的朱黎清。

1938年，朱黎清参加革命后，摄于浙江寿昌县政府。

1937年夏，抗战开始了，那时候我中学毕业，既不能上学又不能就业，在爱国思想的启发下就参加了抗日救亡工作。12月杭州沦陷，我辗转于江南等地，参加了农村工作队，开展扫盲、开会、演戏等活动，宣传抗日救国的道理，提高农民的文化和抗日热情。

我们到农村后，一些姑娘和大嫂看到我们这些女同志可以按照自己的意愿工作和生活，非常羡慕，甚至对我们的短发也很感兴趣。开始，有几位姑娘要求我们帮她们剪去拖在背后的大辫子，我们替她们剪去后，没有引起太大的议论。后来，有大嫂要求我们帮她们剪去脑后的发髻，我们和男指导员商量，结论是：这是妇女对旧传统的挑战，是进步行为，应该支持。于是，不管是姑娘还是大嫂，只要找我们剪发，我们就很乐意地替她们剪。一时，我们驻地附近的村子，掀起了一股妇女剪短发的热潮。

有一位大嫂，住在村东头，参加了扫盲班，我常到她家去，她的婆婆和丈夫对我们都很热情。有一天，在她的要求下我帮她剪掉了发髻。第二天，我路过她家，顺便进去看她。谁知她的婆婆满脸不高兴地对我说："她不在，回娘家去了!"也不让我进屋。后来是大嫂的邻居告诉我，昨天陈大嫂剪去了发髻后，她的丈夫因此和她大吵了一架，并且还动手打她，陈大嫂哭着回娘家去了。我这才醒悟：我太幼稚了，对于旧传统不是所有的人都能轻易打破的，何况留不留头发和是否抗日、是否进步没有直接关系。如果因为剪发而影响了家庭团结，影响了一部分群众和我们的关系，那就错了。后来我去找陈大嫂的丈夫做工作，先自我检讨，后批评他打老婆是不对的，劝他去接他老婆回来。经过一番谈心，他的气消了，第二天高高兴兴地把陈大嫂接回了家。

1938年，我在浙江丽水县认识了曾涛。他那时是中共地下党员，我不是，我当时只有18岁。当时浙江南部地区还没被日本人占领，我们就在国民党统治区做地下工作，我们有公开的职业来作掩护。我们当时也没有产生什么恋爱关系，就是同志关系。他是党员，后来他发展我，我也是党员了。

我第一次见到曾涛时并没有产生感情，我们在一起工作，后来慢慢地、慢慢地才相互了解了。1938年秋天的傍晚，我和曾涛一起执行完任务后，从十几里路的一个山村走回驻地。我们走在依山傍水的小路上，路旁的小河清澈见底，有几米深。我们边走边唱着抗日歌曲，河对面有几个放牛的孩子向我们摇手呼唤，我转头想同他们打招呼时，一脚踩空，顺着路边的一个大缺口就滑进了河里。走在我身后的曾涛拉住了我的一只手，不想反被我拖进河里。等爬上岸来，我们浑身湿透了，急忙往驻地跑。曾涛一边跑一边说："将来我一定要把这件事告诉我的孙子。"我当时不以为然地说："哼!你的孙子又不知道黎清是谁!"他说："那可不一定。"

自从落水以后，我们的关系逐渐密切起来。1939年6月，党组织派曾涛到浙江最南边的山区庆元县去工作。因为当时庆元的党组织被破坏了，要他去恢复党组织。于是特委领导就找我谈话说：你同曾涛一起去，我知道你们俩人在一起工作关系很好，你们在一起都熟悉了嘛。为了工作的需要，你们就一起去吧，结为夫妇关系一起去方便，容易掩护。我那时19岁，没想过这么小就结婚，曾涛当时大了，25岁——比我大6岁。

1939年7月在浙江庆元，曾涛时任中共庆元县工委书记，公开身份是县民众教育馆馆长。

1939年春，曾涛和朱黎清第一次合影。

1939年11月，曾涛、朱黎清在浙江绍兴拍的结婚照。

既然共产党员献出生命都不怕，让我结婚还能不服从吗?就是在这种情况下我和曾涛结了婚，我跟着他一起去了庆元。不过说句老实话，我还真得感谢党组织，他们给我找的这个老公还真不错，每每想起曾涛说起的孙子就是我的孙子时，总是禁不住要笑。我俩和和美美、同甘共苦地过了几十年。人家称赞我俩是“模范夫妻”，这连周总理都知道。

到了1940年，国民党越来越反动了，消极抗战、积极反共，开始抓共产党员和进步青年，还要撤销各县的政治工作队(做群众工作的)。听说要把队员集中到上饶去，因为国民党说工作队都是赤色分子。我那时就在富阳县政治工作队工作，曾涛在那一带做秘密工作。1940年12月，党组织通知我们撤到皖南新四军军部(党的东南局)去，后来又随东南局的干部队撤到了苏北。当时的苏北地区，城镇交通线是日本鬼子和伪军占领的，广阔的农村却是共产党的天下，叫苏中抗日根据地。地区、县、乡各级政府都有，不但有正规的新四军，还有各级地方武装。抗日民主政府领导的人民和日军、汉奸伪军进行着斗争。

1941年初，国民党发动了皖南事变，想一举消灭我新四军。我们很多同志在这次事变中牺牲了，我俩是提前了几天离开的，就差了几天，要不然……

我们党在苏中地区的盐城重组了新的新四军军部，力量发展得很快。盐城以南、扬州、镇江一带都是我们的。

1945年日本军队投降后，我们的根据地就越来越巩固了。我俩在苏中地区工作了6年，主要是做党政工作。

我生第一个孩子是在浙江永康，生她的时候我20岁。那时我在职业的掩护下做党的工作。孩子四五个月时我们调到了富阳县。我当时在浙江富阳政工队工作，身份是半公开的，曾涛是完全秘密的。我俩暂时分开了。孩子就寄养在老百姓家里。撤退时，我就写信给我父亲母亲。我父亲当时在杭州国民党的邮局工作。我告诉父母，孩子寄养在什么地方，每月给多少钱，请他们帮忙抚养，我们回他爸爸的老家去了。于是他们就每月寄钱给奶妈，到了孩子4岁时，我父母又把孩子接回家自己带了。我父母亲当时猜想我们是到苏北投共产党去了，因为他们知道曾涛是“江北佬”。以后的9年中父母一直都没有我们的消息，我爸爸妈妈不知道我在哪里，也不知道我们的生死。解放军进北京城，我妈妈天天到街上去看解放军，有没有啊？有没有啊？嗨！她哪里搞得清楚八路军和新四军是两码事啊，进北京的是八路军，我们新四军是在长江一带呢!她哪里找得到我们呀！

1949年4月后，我们南下到了苏北的镇江。当时很多城市都已被我军解放了。我就试着写了一封信给父母亲，寄到杭州邮电管理局去。试试看吧。可他们那时已经不在杭州了，去北京了。信呢，幸亏有一位我父亲的老同事转寄给了我父亲。父亲接到信后，举着信跑回家，老远就冲着我妈妈喊：“来信了!来信了!”哎哟!他们接到信后高兴的呦。——知道了!知道了!知道在哪里了。9年了没有音讯呀！

我妈妈很快就送大女儿到镇江来。女儿都9岁了。同时她老人家也来看看9年多不见的女儿和女婿。我的大女儿见到我，也不认识我。她是外婆养大的，自然对我没什么感情，她外婆走了以后才慢慢好起来。大女儿1940年生的，已经六七十岁了，现在也退休了。

我的老二生在苏北，生后20多天就交给曾涛的妈妈带回老家泰兴去了。老太太竟用山芋、芋头加一点米汤，硬是把个孩子养活了。7年后送回给我们。其实我们都在苏北地区，孩子(老二)就在泰兴，离我们并不太远，如果是现在坐汽车两个小时就到了。可当时隔着敌人的几道封锁线，交通很不方便，所以也见不到。

咳!那时我年纪轻，也不懂事，不生孩子也没办法，生了也没办法带，所以生一个丢一个，也不心痛。生第三个孩子的时候就抗战胜利了，我们进城，我就带在自己身边了。解放后生的孩子们，就比他们的姐姐们幸福多了。

我讲的这些同我在外交部的事也没什么关系，就当故事听听吧。在战争期间工作无固定的地点，每天要转移住址，要工作又要生孩子，身体也不知为什么那么好，也没生什么病。

1960年我从上海到北京，到外交部报到。曾涛是以新华社古巴分社社长的身份被派到古巴去的。实际上是个外交代表，负责做官方联络工作。曾涛忙得到处去谈话了解情况呀什么的，只叫我负责准备旅行袋、出国用的行装等。我当时就觉得自己像个附属品，他到哪里带着就行了，一个提包。

古巴远离祖国，通讯联络要通过美国。走之前就有过带不带机要员、带不带电台问题的讨论，后来决定不带。在会议上陈毅外长对曾涛说："曾涛，你打了那么多年的游击，现在还怕打游击吗?"曾涛还来不及回答，陈毅外长就讲："你什么也不要带，带一本毛主席的《论持久战》好了，大不了你和古巴人上山打游击去，我相信你是应付得了的。"

我们就有了重过游击生活的准备。当时真是这样的。不过有关部门关心我们，让我去学机要，我都40岁了，硬着头皮去学。一个星期就学会了，当然是最简单的。走之前他给了我一份密码本，于是我就带了一份密码出去了。我从来也不跟组织讲待遇的问题。出国时给我个二秘，我就当了二秘待遇的机要员。几个月后，外贸部卢绪章副部长去古巴访问，周总理让他带去了电台和机要员，这下好了，我就解脱了。

1960年3月中旬，曾涛、我、俞成仁、谭岱生一行四人从北京动身去古巴。那时没有大飞机，航线又少。我们不断地转机场，等航班花了近20天的时间，4月初才到达了哈瓦那。

1960年，去古巴前。

古巴位于加勒比海的西北部，哈瓦那面对墨西哥湾，海水随着阳光一天可以变几次颜色，十分迷人。沿海大道两边种着热带特有的棕榈树，城市建筑主要是西班牙风格，是个很漂亮的城市。从表面上看，人们平静、正常地生活，商店里陈列的商品不少，而且主要是美国产品。但实际上古巴政府遇到的困难是很大的。古巴原来是美国的附庸国，一切依赖美国。它主要生产蔗糖、水果、蔬菜，基本上都出口到美国，国内所需的生活用品几乎全靠美国供应。古巴革命政府成立后，除了继续维持和美国的外交、贸易关系外，开始同苏联、东欧、中国等社会主义国家进行政治、贸易往来。这当然触怒了美国，它常对古巴进行威胁，要少买或不买古巴的糖，少供应或不供应古巴汽油，还扬言要对古巴进行封锁。所以古巴领导人是很谨慎的，他既要执行独立的外交政策，又要避免同美国决裂。更紧张的是美国暗中组织雇佣军，想对古巴进行武装入侵，古巴要

1960年，中国艺术团访问古巴时，曾涛(左一)、朱黎清(左二)夫妇和袁世海（左三)、杜近芳(右二)、李少春(右一)合影留念。

随时准备抵抗入侵者。

在古巴新华分社工作的同志都清楚美国是要破坏古巴革命的，都有跟着古巴革命者上山打游击的思想准备，所以办公、生活用品都尽量简单。我们除了因工作需要买了一台电视和超短波的收音机外，没有其他的值钱东西。

我们刚到古巴的第二天，因为住所缺一张床，新华社的同志就在家具店为我们订了一张。事先我并不知道，当家具店的古巴工作人员来送床的时候，我没有做好付钱的准备。我不懂西班牙文，英文在中学学过，20年没用了，早还给了老师。我当时想说“你下午来取钱”，但只能讲简单的单词“afternoon”(下午)，外加手势。不知工人是没有听懂，还是不放心，他们无可奈何地又把床搬走了。下午还是我们的同志去把床买了回来。古巴的知识分子、干部有很多是会讲英文的，但是不愿意讲，一般老百姓都讲西班牙语。我当时深感生活在异国他乡，又是外交人员，必须学会当地语言，才便于工作和生活。

我当时的职务对内是二秘，对外是曾涛夫人，因为没有公务员，我也兼做公务员和厨师。清洁工作好做，做饭的事可难坏了我。小时候在家里，是我母亲做饭。后来因工作的原因我对做饭是一窍不通的。来到古巴后我才开始学着烧饭。

我拜俞成仁为师，认真地学习西班牙文，有时学得把烧饭

1960年8月，外交代表曾涛(左三)、苏联驻古巴大使(右一)与格瓦拉在招待会上合影。

1960年10月1日，外交代表曾涛(前排左三)和夫人朱黎清(前排右三)、中国贸易代表邹斯颐(前排右一)在哈瓦那举行国庆招待会，古巴总理菲德尔·卡斯特罗(前排中)、古巴国家银行行长切·格瓦拉(前排左二)、苏联驻古巴大使(前排右二)在招待会上合影。

都忘了，等曾涛他们回来后，大家七手八脚忙乱一阵，应付一顿饭。厨房里用液化气炉子，我们过去没有用过，当时还没有自动点火装置，要用火柴点。有一次忙乱中，曾涛把开关开得太大了，只听“嘭”的一声，一团火朝他脸上扑去，他慌忙后退。我走近一看，叫了起来：“哎呀，眉毛烧了!”曾涛出门时只得戴上一副墨镜，直到眉毛长好了。我们当时没有一个人叫苦，也没有人埋怨我不会烧饭，大家都支持我学习外语。

我在古巴时，看到古巴人民对菲德尔·卡斯特罗特别崇敬，菲德尔·卡斯特罗的威信特别高。他是法学博士，被独裁政权逮捕的时候，在法庭上发表了著名的自我辩护词——《历史将宣判我无罪》，辩得法庭上下掌声雷动。在古巴，这个人不出来便罢，一出来讲话就好几个小时。老百姓站在太阳下好几个小时都没人离开。大家都仔细地听他讲话。古巴很热，在太阳底下晒着就更热了。菲德尔·卡斯特罗的威信高啊!这点给我的印象很深，他能领导古巴革命取得胜利，并且是在美国的鼻子底下坚持至今，真是不容易。

我第一次见到菲德尔·卡斯特罗是在1960年国庆招待会上。当时，我正好站在招待厅的门口，菲德尔来了一见到我，就握着我的手笑着问我：“你是艺术团的姑娘吧?”因为我国的艺术团刚刚访问过古巴，菲德尔看了演出。我就笑答：“我是姑娘的妈妈。”曾涛赶忙过来介绍：“这是我的妻子，我们有7个孩子，有5个姑娘，所以她是姑娘的妈妈。”菲德尔·卡斯特罗高兴地笑着说：“你很年轻，像艺术团的姑娘，不像7个孩子的妈妈。”周围的古巴人、中国人都笑了。在招待会上我们和菲德尔、格瓦拉等领导人合影。劳尔·卡斯特罗夫妇也来了。我胸前戴的花就是菲德尔·卡斯特罗来之前派人送来的，他嘱咐说：“是送给曾涛夫人的。”那天的招待会开得很热闹，大家一起唱、一起喝，从7点到10点。我们唱到《东方红》时，菲德尔就跟着打拍子。招待会一直到10点才结束。

我第一次见到格瓦拉时，他笑眯眯的，很温和的样子，话不多。我和他在古巴接触得并不多，因为曾涛经常到他那里去，他们之间接触很多。他俩经常一起研究形势，他告诉曾涛，他很敬佩中国，中国共产党的两万五千里长征一直鼓舞着他们。是格瓦拉在两国建交前，就代表古巴政府同我国外贸部签订了为期5年的贸易支付协定和科技合作协定。凡是有中国的代表团访古，他都热情会见并参加重要活动。平时的招待会上几乎都能见到他。我们夫妇曾经应邀到他家里喝茶，格瓦拉的夫人阿莱达对我们十分热情。1986年曾涛访问古巴时还去看望过她。

1960年11月格瓦拉率古巴政府经济代表团访问中国，当时《人民日报》发表社论的标题是《欢迎来自英雄国家的使者》。毛主席、周总理都会见了他。从北京回哈瓦那时，曾涛去接他，他拉住曾涛的手不放呀，他跟曾涛讲，他太高兴了。

后来我们到了阿尔及利亚，格瓦拉每年去阿尔及利亚，都要去我们的使馆看我们，吃中国饭，和曾涛谈时事啊什么的。他们俩谈得来。他们谈话的时候我就坐旁边。格瓦拉讲西班牙语，他也会讲一些法语，他有时讲法语讲着讲着就会忘了法文的单词怎么讲了，就会用西班牙语告诉我。因为阿尔及利亚过去是法国的殖民地，他们讲法语，曾涛用的是法语翻译。我在古巴住了一年多，学了一点西班牙语，后来回国继续学了一年西班牙语。这时候就用上了。格瓦拉想不起来法文词时就告诉我西班牙文词，我便告诉翻译中文的意思是什么，翻译就用法语说出来，格瓦拉很高兴地说："对!对!对!"谈话就继续下去了。他回到古巴后就告诉我们驻古巴使馆的同志：我到阿尔及利亚，大使夫人给我当翻译了。咳!我哪能当翻译呀!

我们在一起吃饭时，我经常拿菜给他吃。他啊，很能吃，

1961年2月21日晚，外交代表曾涛(左一)和夫人朱黎清(左三)拜访劳尔·卡斯特罗的夫人维尔玛·埃斯萍(右二)及圣地亚哥女市长(右一)。

装得满满的一盘一会儿就被他吃完了。我看他吃完了，就问他："还要一点吗？"他就说："夫人能再给我的话，我将很高兴。"我就再给他拿一些；他自己不拿，都是我拿给他。他就坐在我旁边，我就一边帮他拿菜，一边跟他聊天。平时格瓦拉是个很容易接近的人，很文雅，一点儿也不粗野。他是个大知识分子，是个很高明的医生。

1961年2月，古巴革命武装部部长劳尔·卡斯特罗(中)陪同外交代表曾涛夫妇在古巴东部省参观"格拉玛"游艇和民兵营地。

最后一次见到他是在阿尔及利亚，他告诉曾涛他要去玻利维亚打游击，曾涛当时问他：你去后能站住脚吗?他说：困难是有的，但总是有办法的。没想到那是最后一次见面。他牺牲了好久我们才知道。我和曾涛都很难过。后来出了他的一本《切在玻利维亚的日子》，我就看呀看呀。

他是人民的旗帜，也是反对侵略者的旗帜。格瓦拉在古巴的威望很高，他牺牲30年后，古巴把他的遗体运回来时，群众悼念的场面真是不得了啊!他的威望很高!他是革命的象征。

还有一位古巴领导人——劳尔·卡斯特罗对我们也特别热

1961年3月15日，中国在古巴举办经济建设成就展览，菲德尔·卡斯特罗饶有兴趣地参观展览。左二为朱黎清。右一为团长肖方洲。

EMBAJADA DE CUBA

朱黎青女士

尊敬的朱女士：

我高兴地收到了您慷慨地送给我的《外交生涯十七年》一书。

您的著作精辟地概括了曾涛同志从事的十七年卓有成效的外交工作。

你们作为我们的好朋友和古巴革命胜利后来我国的新中国首批外交代表，我们一直怀念着你们。

我的妻子维尔玛和我经常想起你们，我们感谢你们给我们送来如此珍贵的文件，我们将把它作为我们两国人民间持久友谊和兄弟般关系的一个证据来珍藏它。

古巴共和国国务委员会第一副主席
劳尔·卡斯特罗·鲁斯
1999年1月29日于哈瓦那

1999年，古巴共和国国务委员会第一副主席劳尔·卡斯特罗来华访问期间，朱黎清送给他曾涛的回忆录《外交生涯十七年》一书。回国后，劳尔·卡斯特罗特意写信感谢朱黎清。

情。他是菲德尔的亲弟弟，也是7·26组织的领导人，参加了赶走巴蒂斯塔独裁者的斗争。当时他担任革命武装部部长。因为是他向我国提出，在没有赶走台湾“大使”之前，先派一位负责同志去和他们进行联系，所以我们到哈瓦那不久，他就邀请我们夫妇去他家做客。他的夫人维尔玛·埃斯萍是古巴妇女组织的领导人，我们交谈得很多。1960年的夏天，劳尔亲自陪同

1999年，古巴共和国国务委员会第一副主席劳尔·卡斯特罗来华访问期间，朱黎清送给他曾涛的回忆录《外交生涯十七年》一书。回国后，劳尔·卡斯特罗特意写信感谢朱黎清。

Estimada señora Zhu:

He recibido con satisfacción, el ejemplar del libro "Diez años de diplomacia" que usted tan gentilmente me dedicara.

Sus páginas recogen, en apretada síntesis, la fructífera labor diplomática desplegada por el camarada Zeng Dao a lo largo de diecisiete años.

Siempre los recordaremos a ustedes, como grandes amigos y como los primeros representantes diplomáticos de la nueva China ante la naciente Revolución cubana.

Mi esposa Vilma y yo frecuentemente los recordamos y les agradecemos el habernos enviado tan preciado documento, que guardaremos como una prueba más de la larga amistad y de las fraternas relaciones existentes entre nuestros dos pueblos.

Castro Ruz

Raúl Castro Ruz
PRIMER VICEPRESIDENTE
DEL CONSEJO DE ESTADO DE LA
REPUBLICA DE CUBA

Sra. ZHU LIQING

Ciudad de La Habana, 29 de enero de 1999

我们夫妇去古巴奥连特省海边，参观他们1956年11月从墨西哥来古巴发动起义时乘坐的“格拉玛”号游艇。劳尔告诉我们，这条游艇一般情况下只能坐十几个人，当时他们几十个人挤在舱里，睡觉时有的人只好躺在别人的身上。我们在“格拉玛”号上合影。劳尔当时还不到30岁，很威武！

从一件事上也可看出他对曾涛深厚的友情。曾涛1997年2月去世后，他的外交生活回忆录出版了。1997年11月，劳尔以古巴国务委员会副主席的身份来中国访问，我们当时的国防部部长迟浩田同志会见他时提到了曾涛和他写的回忆录。劳尔希望得到这本书。迟浩田同志派人来我家要了一本送给他。我在上面写了“送给劳尔·卡斯特罗同志”，还签了我的名字。劳尔回古巴后通过古巴驻中国使馆由外交部转交给我一封亲笔签名的信表示感谢。信上说我们是他们的好朋友，是首批中国外交官，他和他的妻子维尔玛经常想起我们，他们将把这本书作为两国人民间持久友谊和兄弟般关系的一个证物来珍藏它。

后来有一次，我应邀去古巴使馆参加一个活动，使馆一位官员(古巴人)告诉我，劳尔要他们把书中“在古巴一年”的内容翻译成西班牙文后送回国去了。

我在古巴的一年中让我最激动也让我最难忘的是1960年9月2日的大会。那天哈瓦那西维卡广场(后来改名为革命广场)上有几百万人。曾涛被邀请坐在主席台的第一排。那是什么会呢?大会主要是反击美国操纵下通过的“圣约瑟宣言”。这个宣言是攻击古巴革命的，还诬蔑我们中国和当时的苏联。那天我早早地坐在电视机前，卡斯特罗在大会上慷慨激昂的讲话感染着全场的人民。当卡斯特罗强烈谴责美国政府时，“Cubasi，yank No”(要古巴，不要美国佬)的呼声响彻云霄。他驳斥美国对中国和苏联的诬蔑后，突然对广场的群众说：“古巴革命政府提请古巴人民考虑，是否愿意同中华人民共和国建立外交关系?”

哎呀，广场上是雷鸣般的吼声：“同意!同意!”虽然我没有亲自参加，但是非常激动，我们高兴地一边鼓掌一边跳起来喊：“好啊!好啊!”我们看到菲德尔·卡斯特罗走到曾涛身边，把他拉到讲话的地方，高举俩人紧握在一起的手说：“中国代表就在这里!从现在起，断绝同蒋介石傀儡政权的外交关系!让台湾的代表马上离开古巴!”广场上的人们把帽子向天空抛去，他们喊着“中国”“中国”!我在电视前巴掌都拍红了。当时国民党大使还在呀。他就这样宣布和我们建交了!用这种特殊的方式建交，世界上哪有呀?这样的场面哪有呀?世界上没有的，哪儿有?没有!这是我一生最激动、最激动的一次!

曾涛负责和古巴外交部副部长讨论了建交公报，经两国政府批准后，对外宣布中古正式建交了。台湾派驻古巴的“大使”灰溜溜地走了。当时国内有两种意见，一种是留曾涛当大使——本来卡斯特罗就把他当大使嘛，这是水到渠成的事。另一种是另派大使去。后来派了申健去当大使，并让曾涛留下来帮助他两个月。

我们于1961年4月份调回国内，曾涛任国务院外办秘书长。我向外交部要求去外交学院学习西班牙文，我当时就想既然组织上让我到外交部工作，就应该学习一门外语。我在古巴已经通过俞成仁和另一位古巴老师学了一点西班牙文，那就坚持继续学吧。我回来的时间是4月，是作为插班生进去的。插的什么班呢?那时由于中苏关系恶化，苏联停止了对华援助，撤走了专家。当时有不少俄文翻译没事干了，外交学院就培养他们学其他国家的语言，我就插在西班牙文班。这些翻译都有外文基础，而且他们的年龄才二十几岁，我当时已经41岁了，我年龄

中国杂技团访问阿尔及利亚演出后，曾涛大使(后排右三)和夫人朱黎清(后排右一)登台祝贺演出成功并留影。

最大，真怕跟不上人家。由于自己的努力，到了7月份期末考试时，我竟然还考得不错呢!

咳!学了不到两个学期，曾涛就被任命为中国驻阿尔及利亚首任大使，我只能中断学习了。

曾涛办公的地方在中南海。1962年秋的一天，我俩在中南海的花园里散步，见到了也在散步的周总理夫妇，就走过去向总理夫妇问好。周总理亲切地问：“你是哪里人?在哪里工作?”我就告诉总理：“我是杭州人，在外交学院学西班牙文。”总理说：“那好啊，学了是有用的。”曾涛说：“可惜，现在要去阿尔及利亚了，那里说法语和阿拉伯语，用不上了!”总理说：“那没关系，再从头学法语就是了。”邓颖超同志说：“外交部高级外交官的夫人会说外文的太少了，你好好学，学好了对外工作起来可以更方便。”总理夫妇对我的鼓励增加了我学习外语的决心。

1962年11月下旬，我们到达阿尔及利亚，开始住在旅馆。一天，正在阿尔及利亚访问的古巴拉美通讯社社长由我国驻阿尔及利亚新华社的社长陈迹陪同来看老朋友曾涛。曾涛不大会说英语，更不会说法语，只会说西班牙语，而使馆里只有法文和阿拉伯文翻译，他就要我去试试看，我说我这一点水平怎么行呢。可是一时又没有其他的人可以去找，我只好硬着头皮去了，总算勉强应付了一个多小时。虽然也达到了交流和互叙友情的目的，但我当时很紧张，自己知道是由于外语水平差的缘故。这件事反过来又对我起了促进作用，我决心从头开始学习法语。

我们使馆按着法语不同程度编班学法语，我和另外两位同志组成一个班，一位懂点英文，一位是阿拉伯文翻译，我算懂点西班牙文，由一位法国老师直接用法语讲课，每天半天学习、半天工作，要求突击3个月，做到能开口说。我凭着西班牙语的基础，从不懂到能听得懂，居然坚持学下来。我后来就自学，一有机会就讲，我说：用错了也不怕，我是中国人，我还会讲几句法文，人家还不会说一句中国话呢!错了没关系，只要人家听懂你讲的是什么意思就行。我对我们使馆学法语的女同志们说：“脸皮老一点，胆子大一点，要开口说，开口练。”

1963年夏，曾涛大使和夫人朱黎清乘船游览阿尔及利亚。

1963年，阿尔及利亚抗法女英雄贾米拉·布伊海德参加中国使馆举办的三八妇女节招待会时，同中国大使夫人朱黎清合影。

后来我用法语和阿尔及利亚的朋友交谈时，他们感到惊讶，都问我是什么时候学习的法语呀，同时他们也感到很亲切。我讲错了他们还帮助我纠正，我就记住了。后来我到了南斯拉夫一边学习当地的语言，还一直坚持学习法语。

我在阿尔及利亚工作了5年。大使夫人应该一去就拜会驻在国政府高级官员的夫人，但当时总理本·贝拉、外长布德弗里卡都没有结婚，副总理兼国防部长布迈丁的夫人不对外活动。我就同外交部秘书长、礼宾司长的夫人往来。我经常邀请她们带着孩子来使馆吃饭、看电影。礼宾司长的家就住在使馆后面一条街上，有时我也接受他们的邀请到他们家去喝茶。

大使夫人的工作都差不多，要举行重要的招待会。使团之间的拜会、宴请，主要是交朋友、增进各国的友谊，谈政局、了解情况。我们常常邀请友好国家的大使夫妇来使馆做客，大家都愿来，都愿意吃中国饭。有一次，我们宴请法国驻阿尔及利亚大使夫妇，开始大家吃得都很高兴，谁料到上了刚出锅的小汤包，每人一个，法国大使夫人还没容我告诉大家怎么吃就一口送到了嘴里，烫得她直叫。就看那个汤包在她嘴里乱滚动，我让她赶快吐出来，哎!她就不吐，硬是三口两口把个汤包咽下去了。桌上的其他客人都同情地看着她。我估计她的上颚一定被烫伤了。我立即向大家说明了小汤包的吃法。他们都奇怪这汤是怎么包进去的。

以后，我们使馆宴请外国人时就不再上汤包了。

20世纪60年代我国曾经放映过一部以抗法女英雄贾米拉为原型的故事片，老一点的同志都知道，贾米拉当时在阿尔及利亚可是家喻户晓的。在抗法战争时期，她做地下工作，后来被逮捕了，受尽严刑，但她很坚强。第一次见到她，我是代表中国妇联送给阿“新一代协会”一万新法郎。阿尔及利亚取得独立很不容易，牺牲了许多人，留下了许多孤儿。国家独立后就成立了“阿尔及利亚新一代协会”，办了好几个孤儿院，收容、培养烈士子女。贾米拉是妇联主席，她还是《非洲革命》周刊的特派记者。她非常文静，话也不多，却很有见解。三八前我以大使夫人的身份举行招待会，邀请了很多位政界领导的夫人和几位友好国家驻阿大使的夫人，贾米拉也来了。我们聊得很开心，还给她们放映了电影。她们喜欢看《花儿朵朵》，她们是第一次看中国的电影，看得都很高兴。后来在使馆的建议下，贾米拉同《非洲周刊》社的社长雅克一同应邀访华，毛主席亲自接见了他们。他们回国时我到机场接他们，他俩情绪可高了，一再感谢中国的接待并说：要好好地向非洲人介绍中国。没过几天，《非洲周刊》就刊登了他们俩同毛主席谈话的内容，后来又连续发表介绍中国的报道，向非洲人民宣传中国。

后来贾米拉同雅克结婚了，我最后一次见到她是在婚礼上。参加婚礼的人特别多。她被人用椅子抬着，穿得非常漂亮，过一会儿换一套衣服，抬出来转一圈，过一会儿再换一套，抬出来再转一圈，像时装表演那样。这是阿尔及利亚的习俗吧。婚后他们夫妇去了大溪地，我就再也没有见到她了。

1964年，陪同陈慕华同志访问阿尔及利亚南部撒哈拉。

我在阿尔及利亚的5年中，周总理曾去访问过两次，第一次是1963年底到1964年春天，总理和陈毅元帅访问亚非14国，这是我国外交史上了不起的大事。

阿尔及利亚是周总理访问的第二站。当时有传言说，阿尔及利亚政局不稳，但周总理还是来了。从机场到代表团下榻的人民宫20公里两旁，有30多万人夹道欢迎。人们喊“中国!中国”！连阳台、窗台都挤满了人。从阿尔及利亚的抗法斗争到独立，我国在道义上、物质上不断给予支持。我们那时也不富裕，我们派医疗队，赠送他们货轮、飞机等。所以阿尔及利亚人民对中国人特别友好。阿尔及利亚政府在周总理访问的时候，把以法国殖民总督若诺命名的大街都改为“北京大街”了。

阿尔及利亚的领导人都很年轻，但周总理对他们都非常尊重，交谈时也非常谦虚，赢得了对方的敬佩和信任，也让我们做外交工作的人学到了宝贵的经验。

总理心细啊，在使馆宴请阿方领导人时，他亲自布置，菜要有中国特点，内容要丰盛，但要简化，节省客人时间。他在访问阿拉伯国家之前是不吃羊肉的。但是他却尊重别国的民族习惯。他讲：“不爱吃可以学着吃嘛。”总理又非常机智。有一次参观工厂，厂领导非常热情，要赠送总理礼物，一个大笼子里面装着一对美丽蓝孔雀。总理想了一下就回头找我，看我不在身边就说：“大使夫人呢？快请她来!”我赶紧跑到总理面前。总理就对大家讲：“这件礼物多漂亮啊!那就应该由漂亮的大使夫人来接受，你们说是不是呀？”我就赶紧向厂领导表示感谢，但是我们没办法拿，笼子太大了，又跟他们解释：我们现在一时无法带走，请他们暂时代养。对方高兴地答应了。后来使馆党委商量这对孔雀怎么安置，我们不会养又没地方养，觉得领回来死掉了就太可惜了，所以一直没有派人去取。

周总理生活上用的穿的之朴素更是让我感叹。我当时负责接待内勤工作，有一天看到总理身边的工作人员在为总理烫衣服，就过去看看，见衣服不全是新的。工作人员告诉我，总理只带三套中山装，浅色的白天穿，深色的晚上穿，衬衣就更随便了。我发现有一件刚洗好的衬衣领子和袖子是新的，身子是

1964年1月，周总理访问突尼斯，前排左一为朱黎清。

旧的。哎!我不禁叹了一口气。工作人员也感叹地说："这就是我们中国的总理!"

1965年6月19日，阿尔及利亚发生了政变。在这之前我们就掌握了一些情况，知道本·贝拉和布迈丁之间有矛盾，只是不知道什么时候会激化。19日清晨我们看到街道上坦克开来开去，巡逻的军人也特别多，后来得知发生了政变。使馆官员分头打电话给自己的朋友想了解情况，哪里找得到人呢。我就说，我去礼宾司长家试探一下。我就独自一人去了，就这么走到街上去。一按门铃，夫人来开的门。一见是我，她先愣了，但马上热情地请我到客厅。司长也马上出来了，我当时的法语已能勉强应付了，也能听得懂他讲的内容。他告诉我，清晨布迈丁已经将本·贝拉逮捕，要求政府人员在家待命。他又跟我说，不管谁执政，阿、中之间的友好关系是不会改变的。他让我转告大使，请大使放心。

我回来把我了解的情况告诉了大使。后来的事实证明，布迈丁还是愿意和中国搞好关系的。

1967年，我和曾涛回国参加"文化大革命"学习，在国内一待就是3年多。

1970年8月，曾涛被派往南斯拉夫当大使。第一任大使是伍修权，他在南斯拉夫工作得很出色，两国的关系也很好。1958年，苏联指责铁托是社会主义阵营的叛徒，号召各社会主义国家对他进行批判。苏联先撤回了大使，然后许多社会主义国家都撤回了大使。伍修权大使正在国内休假，由于当时的国际关系复杂，也就没有回任。实际上两国降为代办级的关系了。曾涛是12年后的第二任大使，他的到任结束了12年的代办级关系。

走之前，周总理在西花厅接见了即将出国的使节们，总理一见到曾涛就开玩笑："哎呀，曾涛!你的头发怎么全白了?该叫你'曾老'啦!"曾涛赶紧说："我才56岁，还年轻呢!"总理向我们谈了一些国内外的形势，又留下了曾涛和我谈了半个多小时。他说，要认真地同南斯拉夫搞好关系。12年没有派大使去了，可能问题比较多。要曾涛多见见铁托和其他的领导人，要多看看南联盟各个共和国的情况。

这次我没有同曾涛一起去，曾涛先走的。后来曾涛说，去机场接他的除了南斯拉夫的礼宾司长外，罗马尼亚、苏丹、阿尔巴尼亚的大使都去了，我们的代办并没有告诉使团的人。当晚电视台就播放了中国大使到贝尔格莱德的消息。南斯拉夫的电视台对外国大使到任很少这样认真、积极地报道过。

1966年5月1日，曾涛大使和夫人朱黎清在阿尔及利亚。

1970年秋，曾涛大使(前左二)和夫人朱黎清(前左三)参观法国贝里埃汽车厂。

我没有同铁托总统谈过话，但是他的夫人约万卡专门接见过我一次，约万卡在第二次世界大战时打过游击，而且非常勇敢。我见到她时就同她讲："你过去是打游击的，你是参加抗击德国法西斯的。我过去也打过游击，是参加抗击日本军国主义，我们是一个战壕里的战友。"她就高兴地说："是呀!是呀!我们都参加了革命，我们是同志嘛!"

咳，那时候还不能称南斯拉夫是同志啊。曾涛去向铁托总统呈递国书时，他们希望时间不要超过15~20分钟，可铁托总统同曾涛一谈就是50分钟。他一开始就称呼曾涛为"大使同志"，曾涛开始称他"总统阁下"，可他一再称曾涛为"大使同志"，曾涛也就称他为"总统同志"。他们一出来，另一位外交官就说："你怎么能称铁托同志呢?你的胆子好大啊!"曾涛就告诉他，临来时已经考虑了这个问题，问过总理。总理

1970年秋，铁托总统夫人约万卡接见中国大使夫人朱黎清。

1971年6月，朱黎清在南斯拉夫访问里耶卡时和女市长安得里奇交谈。

1971年6月，中国芭蕾舞剧团访问南斯拉夫，演出中国经典舞剧《红色娘子军》，演出产生巨大反响。南斯拉夫总理比契奇夫妇(朱黎清后排白发者为比契奇)和曾涛大使(第二排左六)及其夫人朱黎清(第二排右六)接见剧组主要演员。

说：你先称他“总统阁下”，如果他继续称你同志，你就称他为“总统同志”。跟曾涛去的同志这才放心。

为什么?因为20世纪50年代后期苏联带头孤立南斯拉夫，日本共产党有本书叫《南斯拉夫是社会主义国家吗?》被译成中文，当时这本书的影响在国内还存在嘛。

南斯拉夫有7个共和国，5个主体民族，4种宗教，3种官方语言，2种文字。铁托总统说，南斯拉夫是个小国，要发展自己的工业、农业、旅游业，不得不借外债，你们中国既无内债又无外债，我们很难做到。

南斯拉夫在经济上实行的是工人自治制度，曾经被苏联批判为修正主义。我们去了所有的共和国，参观了各种工厂，很多共和国经济部门的官员都对我们说他们向西方贷款和实行工人自治管理是苏联逼出来的。

中南关系改善后，双边贸易也多了起来。1971年9月，我国派展览团参加南斯拉夫举行的展览会。展览会上，我们中国馆

1970年8月25日，曾涛大使向南斯拉夫总统铁托呈递国书。

布置得很漂亮，有红旗牌轿车、钢琴、纺织品和轻工业，琳琅满目，还展出了毛主席的著作，亚非拉国家反对帝国主义斗争的照片等。当时我是大使夫人，又是文化参赞，和袁云楼武官代表使馆党委，暂住在展览团协助工作。

9月9日开幕，铁托总统也去了，曾涛和轻工部长钱之光一直陪同。美国使馆也派人来参观，他们是一看到有“美帝”“美国”字样说明的展览就拍照，当时我还纳闷呢，后来才知道，是美国人用拍下的东西给南方施加压力。南方在美国的压力下，建议我们修改文字说明。我们研究后提出：坚持原则，同时要照顾南方的处境，我们就个别的字句作了修改，像“入侵的美国强盗”改为“侵略者”等。我们修改后，他们又恳求我们把“美帝”字样去掉。他们说，你们可以每天换新语录，向我们南斯拉夫人民介绍更多的语录。我们知道他们为难，但是国内有指示，宁可停展也不能改动了。于是有很多南斯拉夫群众没能参观中国馆。他们很遗憾，我们也觉得很可惜，这是因为国内正处在“文革”期间啊!后来他们的外贸部长访华时说：“那时我们的处境很困难，人家(指美国使馆)一天向我们外交部交涉5次。”

当时两国的文化交流也多了起来，1971年，中国芭蕾舞剧团来演出，首场演出后，观众的情绪非常热烈。南方的舞台工作人员原来嫌我们对舞台的要求过高，看了演出后说：“早知道是这么好看的芭蕾舞，再辛苦，我们也愿意。”有很多使节对我们说中国的芭蕾舞能演出现代内容，这是一条好路子，都夸中国芭蕾舞水平高。

1973年，第32届世界乒乓球赛在南斯拉夫的萨拉热窝举行。当时的团长是李梦华、陈先等。有一场是中国和苏联争夺前四名，打得太紧张了，曾涛本来心血管供血不足，还是坚持看，他旁边坐着的苏联大使没有看完就走了。最后，中国队以5比4胜了苏联队。

后来苏联大使问曾涛：“你怎么坐得住啊?”曾涛反问他：“你为什么走啊?”他不好意思地说：“我有心脏病。”

在南斯拉夫使馆，我仍然坚持学习法文。当时法国在南斯拉夫有一个文化中心，教授法文，一些使馆的外交官和夫人去学习，我也同他们一起去学。驻南斯拉夫大使馆的许多国家都讲法文，我们使馆没有法文翻译，如果有一些活动，我就给曾涛当翻译。有些外国人就议论，中国大使还带着一位年轻的秘书呢。知道的人就告诉说：那不是他的秘书，是他的夫人。当时柬埔寨的大使同我接触很多，因为柬埔寨过去是法国的殖民地。柬埔寨是讲法语的，又是我们的友好国家。他们大使馆有什么事情，大使就直接来找我们，只要我们能帮上忙的，就会帮助他们去办。

南斯拉夫，这个原来在铁托领导下反抗德国法西斯的一个国家，现在已经分裂成了好几个国家了，太可惜了。

我们是1973年4月从南斯拉夫回到北京的，一回来曾涛就接到通知去法国接替“将军大使”黄镇。外交部要求6月初赴任。

我们还没到法国，当地的报纸就登出了介绍中华人民共

西哈努克亲王(右二)和夫人莫尼克公主(右一)会见曾涛大使和夫人朱黎清(左一)。

1972年，西哈努克亲王夫妇访问南斯拉夫时，在布里俄尼岛驻地会见并宴请曾涛大使(前排右一)和夫人朱黎清(前排左二)。

1973年6月6日，向法国总统蓬皮杜呈递国书。

1973年10月国庆招待会，曾涛大使(右二)和夫人朱黎清(右三)接待来宾。

1974年10月1日，法国总统德斯坦(右二)出席曾涛大使(右一)和夫人朱黎清(左一)举行的国庆招待会。

1975年，朱黎清(右二)陪同邓小平同志参观凡尔赛宫，右三为法国驻中国大使阿尔诺的夫人。

曾涛的画册。听说后来希拉克总统夫妇访华时，总统夫人还打听我的情况呢。

我们在法国期间，邓小平同志到过两次。第一次是去纽约出席联合国第六次特别会议，在巴黎休息了几天。他当时的心情看上去很好，当天中午在使馆吃饭的时候，他提出要吃牛角面包，法国人叫“月亮”，可中午没有，法国人都是早上才吃的，后来跑到面包厂才买到了。小平同志吃到后很高兴，告诉我们说，他在法国勤工俭学时，因为穷，当时能吃到一个这样的面包加咖啡，那就是改善生活了!他第二天就去了意大利广场，旧地重游。在广场的一角，有个小旅馆，他讲当时我们的地下党长期租用这里的一间房子，每次周恩来同志到巴黎都住在这里，附近有一个小咖啡店是他们吃早餐的地方。在广场上转了一圈，没有找到小咖啡店。小平同志直说：“大变样了，认不出来了。”

后来我们找到了那个小旅馆和周总理曾经住过的那间房子。法国政府为了纪念周总理，特意在门口挂了一块铜牌，说

1974年4月，邓小平副总理途经巴黎，在大使官邸和使馆领导同志合影。左起：于梦欣、田志东、曾涛、乔冠华、邓小平、章含之、朱黎清、刘恕、朱霖(临时来馆)、曹桂生。

1974年，邓小平同志(前排左二)路经巴黎时使馆女同志向他敬酒。前排左一为乔冠华，右一为曾涛大使，右二为朱黎清。

1975年，曾涛大使(后排左六)和夫人朱黎清(右四)出使法国期间，在著名的诺曼底参观。

1975年5月，邓小平副总理(右)、曾涛大使在中国大使馆和法国总统德斯坦交谈。

1976年8月，曾涛大使(左一)和夫人朱黎清(左二)应法国总理希拉克和夫人(右一)的邀请，到他家乡科雷兹省圣弗雷奥勒市的别墅里度周末，希拉克跪在草地上亲自为曾涛大使夫妇拍照。有一位朋友把这一珍贵瞬间永远地保留下来。右三为同去的二秘周振东。

明是周恩来曾经住过的地方。国内去巴黎的同志很多都专门去参观。

这次我们安排小平同志住在大使官邸。他很高兴地和使馆人员一起吃饭、喝酒，还应邀和使馆人员合影。人多的时候他硬把服务员、厨师和年轻人推到第一排，自己站在第二排。参与合影的同志得到照片都很高兴。

当小平同志从纽约开会回国，再路经巴黎时，我们买了他喜欢吃的“月亮”让他带回国。后来听说他分送给过去在法勤工俭学的老同志了。

第二次小平同志到巴黎是1975年5月的正式访法。这次来法国，除了正式会谈、会见外，他话不多了，也看不见笑容了。法方安排参观凡尔赛宫，我一直陪着他，见他只看、听，不说话，不问什么问题。他给我的印象是有心事，情绪不好。后来我才知道国内已经开始搞“反击右倾翻案风”了。

在法国，曾涛大使(右一)和朱黎清(左三)夫妇同法国哲学家得蒙(右二)及女儿(左二)在一起。

小平同志的不正常情绪，法方当然是不会知道的。他们接待规格很高，德斯坦总统也表现得特别热情友好。

当时，还有一件很有意思的事。国内派了9个小留学生到法国来学习，他们吃住都在使馆，这些小朋友特别可爱活泼，叫曾涛爷爷，叫我奶奶。后来我国就没有再派过小学生出去了。

1975年10月，我和曾涛回北京休假，假期还没结束，1976年1月8日上午，我们知道周总理去世了，我们放声痛哭。1976年真是多灾多难啊！9月9日，毛主席又去世了。那天，使馆的工作人员得知毛主席去世的消息都不想吃饭，晚餐都剩下了。当时大家都担心中国将来会是个什么样呀，会不会乱?

法国总理、部长们还有海陆空各兵种的代表、各国驻华使节、华侨代表等都到使馆吊唁。9月18日，法国公共建筑物下半旗致哀。当时国内还请法国著名导演伊文斯到大使馆来拍摄吊唁的情况。

10月10日，使馆的英文翻译在收音机里听到特讯，说是“四人帮”被逮捕了。

1976年8月，希拉克宴请中国大使曾涛夫妇时，朱黎清同希拉克合影留念。

1976年9月，毛泽东主席逝世后，法国总理巴尔和许多官员、朋友来使馆吊唁。

到了中旬使馆才正式接到通知，“四人帮”被粉碎。大家都在使馆里喝酒、唱歌。在这之前，我和曾涛既忧国又忧孩子。“天安门事件”中，我家小五在海军军乐团工作，因为去天安门拍照，又参与写诗，被逮捕了。

这个孩子在“文革”中被关过3次，第一次是1968年1月，说他是反对林彪的“现行反革命分子”，后来释放了。第二次是1970年5月，说他是“五一六”分子，被隔离审查，“九一三”事件后，无人管他了，就自己回了家。10月份才结束审查，又被关了，真是“死不改悔”啊!好在当时有一些领导和海军的高级负责人的保护，没有交到公安局，让海军自己关起来了。我当时经常偷偷掉泪，还不能让使馆其他的同志知道。

粉碎“四人帮”后的1977年2月，曾涛被中央调到新华通讯社主持工作。

当我们从法回到北京时，一回到家，见到小五子和其他孩子一起高高兴兴地来迎接我们，才算松了一口气。

你问我这么多年在国外，孩子怎么办?咳!外公、外婆、奶奶、阿姨帮着带大的。你问我想不想孩子?说不想是假的，但是，想没有用呀!所以也就不想了。这些孩子上的什么大学，事先我都不知道。后来问起来，这个说是外公叫我这么报的，那个说我当时也不知道怎么报的。小五中学刚毕业就瞒着我们去报了海军军乐团。

曾涛两代单传，他很喜欢孩子，当年我每次因怀孕发愁时，他总是安慰我：“没关系，你生，我来管。”所以出国之前，他管孩子比我管得多。1960年初，在我们动身去古巴时，老大上大学，老小才5岁。领导问有什么困难。曾涛说，什么困难都会想办法克服，只是希望回来时我的孩子不要少掉一个，也不要坏掉一个，请组织上给予一定的关心。

我在一旁差一点掉下泪来。

我从法国回来就调回外交部任西欧司副司长，我分别负责过西欧和北欧国家具体的外事工作。我从上海一到外交部就外派，没有在外交部机关工作过一天。部内工作和驻外使馆工作具体任务和方式不一样，对我来说是一面工作一面学习。我对自己很不满意，总觉得自己没有做好。我在西欧司工作时，坚持学习的外语也派上了用场。一次，法国驻中国的大使和参赞来我们这里办事，我在巴黎时就认识他们，参赞会讲中文。当时为了节约时间，我就讲法文，他就讲中文，遇到他讲的词汇我不理解，由翻译帮助我们。这样两边的时间都节约了，而且还很亲切。我们一起办事就很方便。外宾访华时，我们要陪同，还有一些出访任务，当时也忙忙碌碌的。

1982年底我62岁，开始实行离退休制度了，我就主动要求离休了。

我原来爱好集邮，国内外的邮票集了好多。曾涛还在人大外事委员会工作，每年都有外事接待任务，有时我还以曾涛夫人的身份参加一些活动。所以从1983年到1993年曾涛从人大退

1990年12月，曾涛对朱黎清深情地说："老伴今年70岁了。"

下来之前这10年里，我虽然已离休了，但我觉得自己还是很忙！

曾涛退下来以后，我们老两口可以说是形影不离。我偶尔外出一下他就找我。我常对他说："最好把我拴在你的裤带上！"他就嘿嘿一笑。

曾涛最后生病住了五个多月的医院，每次醒来的第一句话总是问身旁的孩子："妈妈呢？"

我们在一起58年呀！

你问我曾涛同志去世后我主要忙些什么？我可以告诉

1993年5月，朱黎清率领儿子和女儿庆贺曾涛80大寿。

1996年8月，这是相濡以沫一同走过了半个世纪的曾涛、朱黎清夫妇的最后一张合影。

你——不过这不是吹嘘自己，只是说明我生活得很充实。

曾涛走后，我办了三件事。

第一件事是把曾涛生前写的回忆录《外交生涯十七年》出版了。这是曾涛留给我们亲人的珍贵礼物。我想这本书也能够为新中国的外交史留下一点有用的材料吧。

第二件事是我为曾涛编印了一本画册。曾涛去世一周年的时候，分送给亲友们作纪念，取名“怀念曾涛”。画册中的照片是我从几千张照片中精选出来的，它们浓缩了曾涛一生的工作和生活，也倾注了我对他的全部感情。对于我们的儿孙们来说，我想让他们了解这位值得敬仰的先辈。对我来讲，这本画册将陪伴我度过此生。

第三件事是实现了曾涛生前提出的助学意愿。这件事我要多说几句。

曾涛生前喜欢收藏字画，也有不少画家朋友送给他字画。他曾经在一次家庭聚会时表示：他要捐献部分字画，拍卖所得用于助学。他去世后，我就一面拍卖了几张画，一面寻找助学对象。1998年我带着两个孩子去了曾涛的家乡江苏泰兴，通过听介绍和实地参观，觉得泰兴经济情况不错，教育也不困难，就没有把泰兴定为助学对象。但是为了表示对曾涛家乡教育事业的关心，我把曾涛的大部分藏书送给了泰兴中学图书馆。随后去了浙江丽水县，那里是曾涛和我一起工作、入党、结婚的地方，是个革命老区，经济条件较差，我们一直很怀念她。在丽水，我们看到了大港头镇的丽云中学校舍破旧，没有运动场所，教学楼盖了一半，因为经费困难就停在那里，于是决定出资40万帮助学校把教学楼盖起来，改善学校的教学条件。县教委很重视，立即动工建设，次年就竣工了，还取名为“曾涛教学楼”。教委还积极筹款为学校添置实验用品、电教用品等。我们全家还决定每年出两万元作为学校给品学兼优学生的奖学金。现在的丽云中学教学质量已大大提高，教师、学生都很努力，每年都有十几人考上重点高中，在那个地区的初中学校中已是名列前茅，正在争取成为农村的示范中学。

我每年都收到好几位毕业学生的来信，说获得的奖学金能帮助他们去上高中，很高兴。我当然也高兴，因为我可以告慰曾涛了。

我还可以告诉你，我也为自己办了一件事。

2000年春天，我带了两个孩子回我的老家浙江海宁去看看。我的出生地是路仲镇，是个江南水乡，现属庆元镇。记得小时候这个小镇是很热闹的。可现在一看，破落了!很多大户人家外出后都不回去了，房子也拆卖了(包括我们家)，小街样子依旧，但是冷冷清清。70多年前我上过的那所小学连个运动场所也没有。陪同我的庆元镇领导告诉我，他们有计划要重振小镇，清河道，修房子，把小镇发展成一个旅游点，只是经费还有困难，正在想办法。

我离开时告诉镇领导，你们有振兴小镇的计划，我很高兴，只是预算太大，我无力相助，但是我愿意资助母校改善一下环境。

回京后，我寄去了6万元，他们用这笔钱在学校门前造了一座水泥桥，有个私企出钱修了相关的路，这样，孩子们上学就便利多了。

他们原来要用我的名字作为桥名，我不同意，建议他们取名“爱乡桥”，以鼓励家乡人一起来爱护家乡，为振兴家乡出力。他们同意了，但是仍在边上刻上了我的签名，不知道他们是从哪里搞来的。

后来庆元镇的领导写信给我说，他们通过宣传我捐款的事迹，激起了人人为家乡出力的热情，有很多个人和企业都纷纷捐款资助路仲镇的振兴。

几年过去了，我不知道路仲小镇目前情况如何，人老了就怀旧。年轻时参加革命连家都不要了，现在反而想念起故乡来了!

琳琅锦绣

刘锦琳

13岁参加革命，我老是怕掉队。打仗时怕掉队，转移时怕掉队，每生一个孩子都怕掉队，我不能没有工作。战争的残酷使我坚强，冰雪和酷热教会我忍耐，跋山涉水我学会了苦中作乐。

多少先烈离我们而去，我们这些战场的幸存者还没有到马克思那里开大会呢。

刘锦琳，1926年出生于“人间仙境”蓬莱，13岁从敌战区辗转投奔抗日根据地参加革命，经历了抗日战争和人民解放战争最艰难、最残酷的岁月。

1939年的寒冬，年仅13岁的刘锦琳因为听到了做地下工作的姐姐在家中召开的组织转移的秘密会议，便要求一同前往根据地。经过慎重考虑，党组织决定让她化装成小妹，和哥哥姐姐们一同“回娘家”——到胶东抗日根据地去。

经过一段时间的辗转，当他们终于找到大部队时，刘锦琳已经快14岁了。从此，有高小文化的刘锦琳投身到民族解放战争的炮火与硝烟中。

1946年，刘锦琳在战场上与胶东军区烟台警备第四旅政治委员仲曦东结为伉俪。

1949年，当中华人民共和国在隆隆的炮火声中诞生的时候，刘锦琳是“宜将剩勇追穷寇”的南下大军铁骑中的一名战士。那时她23岁，已经是两个孩子的母亲了。

刘锦琳曾经对我说：“我是部队的人，最舍不得的是离开部队。”1955年，为响应军队精简整编的号召，刘锦琳从此脱下军装，转业到江苏省委宣传部工作。

1961年是一个风云变幻的特殊历史时期。社会主义阵营中的老大哥苏联撕毁了中苏友好条约，国内三年自然灾害，东欧等国紧随苏联对中国实施孤立政策。周总理、陈毅元帅急调时任南京军事学院政治部副主任的仲曦东将军任驻捷克斯洛伐克大使。刘锦琳任中华人民共和国驻捷克斯洛伐克大使馆二秘，同时也是驻捷克斯洛伐克大使夫人。在出国前的宴会上，周总理见到刘锦琳时问道："大使夫人，你是哪里人呀？"刘锦琳笑答："总理，我是山东好汉!"

1967年，在越南革命走向胜利的紧要关头，毛主席根据"三个世界划分的理论"和马克思主义的外交路线，作出了"走向非洲"的外交战略规划。毛泽东主席对来访的赞比亚总统卡翁达说："先独立的国家有义务帮助后独立的国家。"经周总理和陈老总提议，毛主席批准中国派文武双全的仲曦东去非洲，担任中华人民共和国驻坦桑尼亚特命全权大使。

1969年，刘锦琳随同仲曦东远赴坦桑尼亚就任中华人民共和国驻坦桑尼亚使馆秘书，他们亲自主持了彪炳史册的坦赞铁路的修建。中国派往坦桑尼亚的专家小组多达十几个，中国医疗队把革命的人道主义带进非洲，这些都促进了非洲人民与中国人民的友谊。在坦桑尼亚，仲曦东和刘锦琳每天工作长达十几个小时。刘锦琳说："我们好像又回到了战争年代。"年过半百的仲曦东大使因劳累过度导致心肌梗塞，病倒在工作岗位上。中国人民竭尽全力支援了非洲，大使和大使夫人也成为尼雷尔总统最信任的朋友和顾问。当中国重返联合国时，毛主席意味深长地说："是非洲朋友把我们抬进了联合国。"周总理也自豪地宣告："我们的朋友遍天下。"

1972年，刘锦琳回国，1974年，担任外交部苏联东欧司副司长。

1975年，全程陪同南斯拉夫总理毕叶迪奇访华；1977年，全程陪同南斯拉夫总统铁托访华。刘锦琳说，她在工作中加深了对南斯拉夫和东欧国家的认识，进一步领会了中央的政策，对她做具体工作有很大的帮助，对发展与这些国家的友好关系有较大的帮助。她还补充说："我们是边学习边工作。兢兢业业，外事工作一点都马虎不得。"

1984年，时任外交部副部长的仲曦东将军积劳成疾，身患重病。刘锦琳要求提前离休，照顾病榻上的老伴。同年，仲曦东副部长逝世，终年68岁。刘锦琳说："外交部的工作人员将仲羲东称为仲老，实际上他并不老。人们也常说这位山东好汉是硬给累垮的。仲曦东生前被誉为胶东才子、将军外交家。"他一生为革命鞠躬尽瘁。在最后的日子里，刘锦琳为老伴作出了牺牲，尽到了妻子应尽的责任，至今无怨无悔。

我生在蓬莱县，5岁的时候离开了蓬莱的小山村，到了烟台。

我的家挺有意思，我的母亲生了四个姑娘、一个儿子，我是最小的女孩子，唯一的男孩还给撑死了。这么多姑娘在家里，没有一个重劳动力。我们那里的女孩过去是不上山的，不干活。我的父亲，他除了会看书写字外什么也不会干。我的奶奶就说："养着这么多姑娘在家不是吃死食吗?"我的祖母家里是个大地主，她的弟弟在烟台开了一个头网工厂，是给外国人做。我奶奶就想了一个办法，把我母亲和我的姐姐送到她弟弟的工厂里做工。我的姐姐就一直在我舅姥爷的工厂里工作。

我5岁时跟我的奶奶也到了烟台。我上到小学六年级，那是1939年，我13岁。

1937年日本鬼子侵占了烟台，日本人在烟台任意打骂、欺辱中国人，可是在当时我们不敢有任何反抗，而且还要对他们毕恭毕敬，过着亡国奴的日子。人们心里憋着一口气，不仅大人有赶走日本鬼子的爱国思想，就连我们小学生也有。加上受到地下共产党宣传的影响，许多人的爱国思想就更加强烈。

1939年的冬天，地下党组织党员到根据地去，我的姐姐是地下党员；他们走之前要做很多准备，这被我知道了。在这之前我还看过他们印的小册子，上面有抗日的歌曲、诗歌，如《月儿弯弯、柳儿长》《抗日战士上战场》等。我就跟他们讲："你们上哪里去我知道，我也去抗日救国。"咳!我这么一说，他们怕我到处乱说，为了避免暴露，他们经过研究说："这孩子有这愿望，带上她吧。"

领我出来的支部委员叫吕品，他后来在铁道部党校任校长。当时我们有十几个人，大部分是学生，只有两个工人，其中一个就是带我出来的姐姐，刘锦寿。我这个姐姐是个活跃分子，她去过上海参加工人代表大会，还经常组织工会活动。在我的要求下，他们决定带上我，又觉得我太小，只有13岁到那里能干什么?最后他们觉得带着也有好处，我就同他们一起出发了。我们被分成几个小组，吕品和金波化装成夫妻，走娘家，我就化装成他们的妹妹，回老家过年。还有的人化装成牧师、传教士。

我们分成几批坐公共汽车到了离烟台80里地的“八角”站，剩下的路就只能步行了。大概出了烟台100多里地就是我们的根据地了，我们在那里找到了接我们去部队的小分队。

大家激动得流下了泪水。我们就一边走一边高唱抗日歌曲和流亡三部曲：“我的家在东北松花江上……”一路上我们很兴奋,唱着歌也可以解除疲劳。我们终于逃出日本鬼子统治的地方了!我还记得《马赛曲》：“起来吧!祖国英勇的孩子，斗争的时候来了……”《花木兰从军》电影中的插曲：“月亮在哪里?月亮在哪里?它照着我的房，照着我的床，照着那破碎的战场，照着那可爱的家乡……”这首歌是当时日本鬼子占领上海时期拍的片子里的插曲，有欺骗、麻痹群众的作用。我们把词改成：“照着那抗日的战场，照着那勇敢的儿郎，谁愿意做奴隶？谁愿意做牛马？人道的烽火，燃遍了整个欧洲。”这些歌曲，我现在仍记忆犹新，有时还教我的孙女凤凤唱。还有“吹起小喇叭，嗒嘀嗒——打起小铜鼓，咚鼓、咚鼓、咚鼓咚；手拿小刀枪，冲锋上战场，一刀杀汉奸，一刀杀东洋，不怕年纪小，只怕不反抗”。去年我在澳洲悉尼时教过我的孙子，他也会唱两首了。

一路上虽然很累，但大家一点也不觉得，天黑了，就在一个小村庄住下。那是我第一次睡在用草铺的地上，那是冬天，没有被子，什么也没有。开始我感觉大家挤在草地上很新鲜、很有意思，可是，睡到夜里浑身冷冰冰的，但心里是热的，就像在家里跟母亲睡在一个炕上那样温暖。那是一种热情吧，新鲜感吧，有那种朦胧的抗日思想吧，虽然没有像大人们那样清楚，但是也很兴奋。

第二天我们又继续走，走呀，走呀，走了好几天，可是还是没有找到区党委。后来才知道“河南战役”刚结束不久，1939年正是日本鬼子疯狂大扫荡时期，杀了我们很多人，好多同志都牺牲在那里了。当时一位叫崔松的女同志，大家叫她“黑美人”，就牺牲在那里了。还有一位叫蒋守全，受伤后藏在草堆里，被日本鬼子用刺刀刺伤了，后来虽然被救活了，但是落下一个毛病，老要喝水，不停地喝，有时一口气能喝一桶水。环境恶劣，所以区党委经常转移。我们又走了几天，走到了我的外婆家蓬莱的大兴店，那里就有鬼子的据点了。领导我们的同志还是要求我们按照化装的方式走，经过我们反复地迂回，最终冒着危险绕过了敌人的据点。当我们走到蓬莱的上薛家、下薛家的时候，我的眼前出现了一片石头。我从来没有见过那么多石头，山连着山，石头压着石头，房子也是石头盖的，高高低低的村庄，没有平地。村子里的河水在石间流淌，很美!这也是抗日战士隐蔽的好地方，鬼子不太敢到这种地方来。大人们找部队心里头着急，我是个孩子还不忘欣赏一下美景。直到现在，我也忘不了那一片祖国的大好江山，太美了!

又走了一段日子，到了招远县，我们终于找到了区党委。当时区党委也住在村里，被分散到东一户西一户的，我们一同出来的人也全都分开了。我的姐姐告诉我组织让她去党校，只有我一个留在区党委组织部。当时组织部的部长叫刘坦，他找我谈话，问我："你出来干什么?"我说："出来抗日救国!"他笑着说："你能干什么?你想做点什么?"我就实话实说："我不会干什么，我还念书。"他就说："你还小，我们区党委有一个剧团，叫'鲁迅剧团'，你就去那里吧。在那里，你也能唱歌跳舞。"我在家时，就喜欢唱歌、跳舞，上学时学校有唱歌课，就是一边唱歌，一边表演。我说："行呀!"他就把我分到了剧团。

"鲁迅剧团"有两个团，一个是话剧团，一个是京剧团。团长就是后来的二炮司令贺进恒，政委是梁古月，后来牺牲了。音乐教员是陈伯坚，解放后在新华社工作。去的头一天我觉得挺新鲜的。当时我接触最多的是郭敏大姐，她家也在烟台附近，离休前是一机部电子局的副局长。一开始，她给我讲了许多抗日救国的大道理，说抗日要不怕艰苦，不怕牺牲。在生活上，她也特别照顾我。看着大家天天忙着搞宣传、演戏、唱歌，而且演京戏时，团长带着话剧团的同志给京剧团表演了《跑小兵》，演员手拿皇旗口喊"嗷——"很有意思。可是到了晚上睡觉时，我们仍是睡草铺，没有盖被子。有一位身材高一点的大姐王瑞芳，晚上睡觉的时候就把自己的棉袍给我盖，正好头脚都不露。那时我还没长个呢。过了几天，我开始想家了，晚上睡不着，就偷偷地哭。郭敏就劝我："我们都是出来抗日救国的，不要有家庭观念。”那时我们反对家庭观念，我也明白这个道理，可是我就想哭，只能偷偷地哭。有一天晚上，我躲到老百姓场院的草垛后面哭，太丢人了。郭敏比我大三四岁，她当时十七八岁，劝我几次，我还是扳不过劲儿来。那时我们晚上还要开生活检讨会，我就在检讨会上承认自己有家庭观念，决心改正。当时还有一个比我小一岁的李寿芝(外号叫小黑，因演《一只怀表》而得名)。后来，她们就教我唱抗日的歌曲，演戏的时候给我派任务，从此我就再也没有因为想家哭过。

我刚到剧团的头几天，特别有意思的是，有一天剧团正在演京剧，我坐在后台看热闹。当时天气还很冷，我就带了一套衣服，军装还没换，身上还穿着来时的旗袍，外面套着毛衣，还披了一件棉袄。在开戏前，进来了一个当官的，后面跟着两个警卫员。警卫员身上背着盒子枪，在后台转了转。那是什么后台？土塔的台用草席围着，还开个大口当大门，里面烧着火，因为演员化妆冷。我就坐在离火堆不远处，这位同志走过来问：“哎!这是哪儿来的小鬼啊?”“刚来的。”他就问：“你从哪里来的?”我就告诉他：“我是从烟台来的。”“你几岁了?”我告诉他：“我14岁了”。“哦。”他跟我唠了一会儿嗑后就走了。我就问身边的同志：“这是谁呀?”他们告诉我：“这是我们五支队政治部主任仲曦东。”

我们第一次见面时我刚刚过完14岁生日。

接着不久，五支队需要一个剧团，就跟区党委提出要这个剧团。后来我们区委的“鲁迅剧团”就归五支队了，剧团改名为“前线剧团”。这已经是1940年的夏天了。

这年夏天，我记的最清楚的是我们在河里洗澡，那时我们条件差，只能在河里洗澡，找个人站岗。我们团里所有的姑娘都去了，我印象最深的有郭敏，还有于森。于森离休前是大连文化局的副局长，好久不洗澡了，洗一次感到特别舒服、痛快。但我发现自己的体态有些异样，就让郭敏帮我看看，郭敏就讲：“没什么，洗完了就没事了。”洗完澡后，我还是觉得不对劲，我又去找郭敏，郭敏就说：“哎呀!你成人了!是个大姑娘了。”

胜利油田的副指挥王军，是我们政治部宣传干事，曾打电话开玩笑说："刘锦琳，我把你在河里洗澡的秘密告诉你儿媳妇了。"唉！这事都传到哪儿去了？那时我就这么幼稚，可不是，我还是个孩子嘛。

1940年秋天，我第一次参加战斗，我们政治部当时住在掖县的军寨。军寨是个有围墙的村子。那天正好警卫连出去执行任务，就剩下机关和剧团的同志。大部队出发不久，我们就得到一个情报：国民党投降派赵保元和鬼子联合起来要包围我们。这怎么办呀？在这紧急情况下，同志们紧急集合，爬上围墙，一人发了一个手榴弹，有的人还领了一支枪。当时发的手榴弹、枪都是我们自己的兵工厂造的。

在敌人快要接近我们的时候，有的同志就说："咱们唱歌吧，唱抗日歌曲。"于是我们一边唱歌，一边喊口号："中国人不打中国人!我们齐心协力打日本人!"那时国共合作抗战的余音还有一点，谁知没有用。那还等什么，我们就扔手榴弹。当时我一紧张，忘拉导火线就扔出去了。看着敌人往围墙里冲过来，郭敏一放枪，砰的一声，烟从后面冒出来了。那枪是土造的，质量还不过关。哎呀!正在危急关头，大部队回来了!部队从后面包抄，把敌人打跑了。这是我第一次参加战斗。你问我害怕不害怕？那时候也不知道害怕，忘记害怕了。

战争年代既残酷又艰苦。秋天，有一段时间夜里要站岗，每人一小时。一天夜晚轮到我了，静静的深夜，朦胧的月色照着那远处摇摇晃晃的树枝，加上那沙沙响的秋叶，老觉得有个东西在那里隐隐约约地晃动。我不敢叫，也不敢过去看。我憋着气，硬撑着瞪着眼死盯着那个地方，那天还真是有点怕。

日本"六一"大扫荡，更残酷。爬山路，走了一天一夜，我们也没吃东西。好不容易走到离大山不远的地方，那时正是麦收季节，敌人会下来抢粮食，于是我们就帮着老乡收割麦子。我们也征收了一些粮食，顾不得磨面，把麦粒在锅里一煮就吃。吃之前，有同志说："哎!别吃太饱了，这东西到肚子里会发胀的。"这人呀，饿的时候就吃着急，吃的时候并不知道饱，结果死了两个人，把胃都撑破了。

最艰难的是行军。天天行军，一走就是七八十里地，走的路也都是山沟、地边。时间长了感觉上火，大便拉不出来，走着走着就睡着了。记得一次行军时我们班长走在我前面，我困得眼睛都快睁不开了，看不见她走动，光看着她那白色的干粮袋在前面一闪一闪的，走着走着，干粮袋也不见了。接着，我走得也越来越慢，后面部队跟着也就慢了。于是，后面的人就催我："你怎么不走啊？"我说："前面没有人了。"我睁开眼睛一看："啊!掉队了！"这时后面的同志就说："赶快走，班长哪去了?"同志们上前一看，她在路边睡着了。有的同志也站在那里睡。于是我们推推她，她一看掉队了，赶紧跑。我现在能走路，就是那时锻炼出来的。

又是一个秋天，我们东上，到了文登的一个地方。我为什么记得这样清楚呢?我就是在这个地方听的仲曦东关于"皖南事变"的报告，说国民党是怎样阴谋策划，新四军军部是怎样被国民党破坏的。他讲这个重大历史案件的时候，全场的同志都激动地哭了，发誓报仇!我也是这一年来第一次哭，并暗自下定决心要革命到底。

周总理在《新华日报》写"千古奇冤，江南一叶。同室操戈，相煎何急"，就是这个时候。总理当时在重庆，亲自上街卖报，上街去喊。

仲曦东的嗓门特别大，我们的这些孩子咳嗽的声音特别像他们爸爸。他的声音洪亮，会讲演。他讲演时没人睡觉，而且逻辑性特别强。他在上面做报告，我们听了以后，革命意志特别坚强。我那个时候就想：我要是在战场上被敌人抓住了，要怎样保持自己的气节。这方面的教育平时也有，那时我的脑子简单得很，就是想怎样表现得更好。

接着不久，我们又打国民党投降派。当时胶东有七八支国民党的杂牌小部队，都是投降派，如"曲线救国"的汉奸赵保原、蔡冀康等。这次我们打的是丁福庭、苗占魁。他们经常配合从青岛来的日本鬼子，抢我们老百姓的粮食，他们有一股人住在胡八庄。这是我第一次正式参加部队打仗，我们的战士攻炮楼送炸药时，是在桌子上垫着棉被顶在头上送上去的。

当战斗结束后，我们就到村里做宣传工作。由于国民党反动派在统治的地区经常做反动宣传，讲什么"共产党、八路

我们这些过去不懂事的女孩子拧成了一条钢索。傍晚夕阳西下时，我们在村头唱着《延安颂》；打了胜仗之后，老乡慰问给我们猪肉，我们就美美地吃上一顿；行军累了，我们坐在地上能够迅速地进入梦乡。现在想起来，那时的生活挺快乐。

记得1941年，我们在海阳的一个村子里休整，住上一个礼拜就觉得挺好了。在那里，我和郭敏、于森三个人照了照片。谁知道于森嫌不好，一把抢过去就把她的头像剪了，光剩下我和郭敏俩了。

1942年底，鬼子开始了拉网大扫荡。这是有名的大扫荡，即“三光政策”（杀光、烧光、抢光）。我的印象太深刻了。大部队化整为零，分成小股进行游击活动，机关人员分到地方和民兵一起带领群众展开反扫荡斗争。我和另外五个人分到牟海县的一个村子里，我们和民兵组成反扫荡小组。那年我16岁，也算大人了。我们组织村民转移，因村子离马石山较近，我们就带领群众向马石山转移。没想到，敌人是以马石山为包围中心。敌人把四面八方的老百姓都赶向这座山。那是最残酷的一次。敌人拉网越拉越小，我们已经被敌人包围在半山腰了。怎么办?我们再不能向前走了，必须冲出去。白天冲目标大，危险就大，夜里可“偷渡”。民兵是当地人，熟悉地形。我们观察到，在夜里，鬼子隔着多少米，就点着火堆，火堆中间有一个山沟。当时日本鬼子并不太多，二鬼子多。我们决定当晚突围。我们利用各种树影和石堆做掩护，连走带爬，没用一弹一枪，就从敌人的包围圈闯出来了。我们还带出一小部分村民，记得一个50多岁的老乡出来之后再三感谢。

我们冲出去不久，敌人就包围了马石山，我们剧团的同志分散在别的组里。有一个同志跑散了，山洞里也进不去，几天都吃不上饭，就拿了老百姓的一个地瓜，一边吃一边想：“我就犯这一回错误吧。”晚上，她一个人深一脚浅一脚地走，发现前面像有人一晃一晃的。她后来讲：“不管了，先下手为强。”她上前一抱，是个上吊的。她就跑呀跑呀，不知怎么着也跑出来了。唉，那次于森就差点儿被敌人抓住了。她当时化装成老百姓的模样，混在老百姓堆里，个子也不太高。她就装着崴了脚，从山坡上滚下去，鬼子打了两枪，也没有追，她就逃了出来。太残酷了！鬼子用刺刀把妇女从洞里挑出来，有的还怀着孕，把孩子都挑了。我们有的同志最后没有办法冲出去，就跳崖牺牲了。

在这次大扫荡中，我们牺牲了好多同志和老百姓，后来我们写了一个剧本叫《我们的血要鬼子的血来还》。

1941年我们打了许多胜仗，还抓了两个日本兵，一个叫布谷，一个叫少林。后来，少林成了我们的好朋友，成了反战同盟的成员。我们抓到他以后，他还教我们喊口号，给日本人喊口号，我现在都忘了。当时捉少林时，他逃到桥底下，拔起刀就要自尽，我们的战士手脚快，把他拿下了。布谷和少林这两个人呀，布谷还好点，是木匠出身。少林特别鬼，尽找别扭。怎么跟他讲政策他都不听。那时我们自己都没有吃的，还要给他吃好的。后来他被感化了，还写了一篇文章叫《我是一个日本的八路军》寄给我。

1942年7月，仲曦东调到胶东军区第一军分区任政委。在欢送他的晚会上，我们表演了《农村曲》的歌剧，剧中女主角是我演的。当时演出还未开始，参谋长李发和仲曦东开玩笑打赌，李发说："老仲你敢上台演凤姑的哥哥，我就输你一只老母鸡。"仲曦东就真的走上台，只演了一场，台上台下乐成一片，只能请男演员上场。也不知他吃上老母鸡没有。

临走时他托人送给我一封信，上面写着："送给朋友的一份礼物。"我打开一看，原来是一份学习计划，他在简短的信中说："一个革命青年不仅要有革命热情，还要有革命的理论。要学习革命理论，使自己从一个不完全自觉的革命者，走上一个完全自觉的真正的革命战士。"他在学习计划上帮我开列了书单，有《新民主主义论》《大众哲学》《共产党宣言》等，还有不少苏联小说，如《铁流》等。我从他的信中领会了他的用心，我朦胧地有了那种感觉。可是他走了以后，我就再也没收到他的信。

1943年，我们"前线剧团"调到胶东文协，改为"胜利剧团"，当时胶东文协的会长是马少波，他现在是全国著名的剧作家。他在戏剧改革方面起到了先行的作用，1943年就改编了《闯王进京》等新型京剧。在战争年代，他领导了文化、艺术、教育、哲学等团体，包括我们“胜利剧团”（“前线剧团”）。他创作的作品，教育了广大士兵，提高了群众觉悟，鼓舞了战斗意志。我那时也受到不少教育，增长了不少知识。全国解放后，他曾经担任中国戏曲研究院副院长兼中国京剧院副院长、党委书记。

由于战争的关系，我和仲曦东分开后没有见过面。后来我才知道1943年他曾打电报给区党委，要求调我到军分区去，可区党委不同意，还说我已经有对象了。他非常失望，别人就给他介绍了一个对象。就在那年，军分区的敌工科长隋贯同志顺路来看我，才知道我没有结婚，也没有对象。他一定要我给仲曦东写个信，当时我突然觉得感情遭到打击，不知所措。隋贯又再三恳求，我只写了“祝你幸福”四个字。后来曦东了解了实情，就特别后悔。

这封信引起了很大的麻烦，他就开始写日记，一直写到1945年我们俩见面。哦，1944年我们到军分区演出，我们也见了一次面。当时，军分区的政治部主任、后来的政治学院政治部主任张少虹，对我半开玩笑地说：“哎呀，刘同志，我们的政委很苦了，你啊——”其实那时我也懂点事了，但是我有很强的自尊心，表现得很清高，近乎到骄傲的程度。当我们见面的时候，双方有十分钟一句话都讲不出来，那是一种深沉、苦涩的感情，我们整整沉默了十分钟。

1945年，仲曦东在党校学习的时候，我们住得离他挺近的。他叫警卫员送了一个字条给我，叫我星期天休息的时候到他那去一趟，我就去了。他正好在开会，我就看到了他的日记，上面差不多每天都提到我，这样又加深了我对他的感情。晚上他亲自把我送到住处，我们住得相隔有三里地，分开的时候，也是同志般地握了握手。

第二天，他就叫警卫员送来了一首诗。太可惜了，“文化大革命”时这些东西都给烧了。现在都记不住了，结婚以后就没有看过。结婚一年以后我就生孩子、打仗、生孩子，能保存下来就不错了，掖在挎包里，就再没有看过。

1944年到1945年，正是抗日战争快要结束的时候，不久许世友调仲曦东去打威海，完了再打烟台，并同美国谈判，因为美国人想搞“共同驻防”。烟台是我们解放的为数不多的城市之一，战略位置非常重要。为了打破“共同驻防”这个阴谋，党派老仲作为军队的驻防司令官，同美国海军第七舰队特遣队司令巴尔贝和陆战队司令罗克谈判。罗克说：“我是奉命来进驻烟台的，请你们立即撤出烟台。我是军人，军人的天职是服从命令。”仲曦东回答：“我也是军人，我守土有责!在长期的战争中，我们已经学会了怎样同侵略者打交道。”经过尖锐激烈的斗争，美国人终于撤走了。所以后来陈老总对老仲说：“你搞外交比我早嘛，从烟台就开始喽。”

抗日战争结束后，我从莱阳到了烟台。当时我已经19岁了，我和老仲也有默契了。再加上当时的副司令，也是传奇人物的于得水也找我说：“刘同志，抗战胜利了，我们政委也这么大岁数了，你也不小了，早点儿解决吧。”

1946年春节前，老仲干脆用简单的办法，让警卫员把一辆自行车送到莱阳城去了。什么意思呢?区党委同意了我们的事，

1945年，刘锦琳(中)同胜利剧团演员和战友在舞台上合影。

1945年在莱阳城，刘锦琳(右三)在胶东文协的胜利剧团和战友们合影。

1945年秋，抗战结束。美国想搞“共同驻防”，并派两艘军舰驶抵烟台海域。仲曦东(右一)时任山东警备第四旅政治委员兼烟台市市长、中共外事特派员，同美国海军第七舰队水陆两栖特遣队司令巴尔贝(左一)及陆战队司令罗克少将、分遣队司令赛特尔少将谈判。我方激烈地抗争，仲曦东义正词严地声明我军政当局坚决拒绝美军登陆，打破了美蒋勾结占领烟台的阴谋。因此，陈毅元帅后来对仲曦东说：“你搞外交比我早嘛，从烟台就开始喽!”

他就干脆自己来拉，没有汽车，他就送辆自行车给区党委。当时女性会骑自行车的几乎没有，幸亏我小时候在家里学过，我就骑了一天赶到烟台。当时我年轻，体力也好，像奔什么一样的，往前奔。到了部队以后，我就提出先找工作，我便被分配到宣传科做记者。我的第一篇文章是报道射击英雄魏来国(原27军副军长)的。我只要有工作就踏实，没有工作就觉得是在漂着。当时结婚还要单位领导批准，到了4月份，我们区党委书记金明来问：“怎么还没有结婚呀?”老仲说：“你们还没批给我呢。”书记说：“批了!批了!赶快结，赶快结。”

后来蒋介石搞内战，1947年，敌人重点进攻山东。我们的

1946年春，刘锦琳(中)和战友在一起。

1946年春，重庆谈判后，国共两党再次合作，八路军编入国民党军，刘锦琳(左)和战友的军帽上的帽徽变换为白日旗。

1946年4月，有情人终成眷属。仲曦东和刘锦琳在烟台的毓皇顶拍下了新婚照。

仗一场接一场。我生老大的时候，老仲在前线，所以老大叫远征。那个时候，正好赶上“大踏步地前进，大踏步地后退”，就是《红日》电影演的那样。我们在战争中加深了对毛主席战略思想的理解。那时候毛主席在陕北指挥作战，用的名字是“李胜利”，意思是跟着毛主席就一定能取得胜利。这个孩子吃了不少苦，我骑马带着他，抱着抱着，他就出溜下去了，我只能抱着小脑袋。我当时想停下来看看孩子是不是死了，一点动静也没有，但是不能停下来。我的腿都是麻的，我咬着牙。我还记得好不容易到了一个村口，把孩子放在磨盘上看，还活着，但是尿的、拉的把尿布都冻成冰了，小腿冻得呀！

远征11个月了，他爸爸才见到他。老仲他们刚刚打完孟良崮、胶河。那时曦东调到九纵队当政治部主任。

你就没有想到过女人生孩子，尤其生

1947年9月，刘锦琳(前排右)化装成老百姓到了大连，与在女子兵工厂工作的新四军两位同志合影留念。

第一个孩子时，人的精力全在孩子身上，丈夫离开多远，都顾不上。第一个月里天天睡不好觉，晚上做梦刮大风，沙子把孩子的眼睛迷住了，醒了赶快去摸孩子。白天工作，赶着送宣传材料，骑自行车摔破了腿，根本顾不上，把心全给了孩子。生老二时，老仲他们正好打济南，打下济南城，我生下老二，也是男孩，所以叫南征。这个孩了生下刚刚八天，发高烧，当时医生都去济南前线了，就剩下一个卫生员。怎么办呀？他给孩了打了一针，没想到孩子两个小时后就死了。死了我还抱在怀里，别人就劝我："别抱了，刘同志。"

我就披着大衣坐在拉弹药的车上到了济南，有人告诉老仲："刘同志来了。"老仲兴冲冲地跑过来说："让我看看孩子。"别人就告诉他："人在车上，下不来了。"他们就找了担架把我抬了下来，老仲掀开大衣要看看孩子。还看看孩子呢，我都快要死了。

不久，大部队又要出发打淮海战役。哎呀，我看着远征的细脖子顶着个大脑袋，没东西吃啊。我就要求留下来工作。我就在济南军区的《前卫报》当副刊编辑，后来我也到了苏北，淮海战役打得很艰苦，老仲的警卫员就是在那里牺牲的。

渡江时我又返回济南。我已经八九年没有见到带我出来参军的姐姐了。当我听说她在离济南不远的军校工作时，就请假去看她。到了她的住处，正赶上她开会不在家，我就坐在她屋子里等她，并请别人打电话通知她。很快她就回来了，进屋看了一眼转身就走，嘴里还说："我妹妹在哪儿?"我赶快追上她，拉着她讲："我就是啊!"她转身看了我半天，眼泪流了出来，就讲："哎，快10年没见了!你变化太大了，我们分开时你还是个小姑娘呢。"我对她说："我现在已经是两个孩子的'老妈妈'了，你当然不认识了。"是呀，10年了，中国发生了多大的变化，何况一个人呢。

1948年，作为战地记者的刘锦琳(右)同她报道的英雄魏来国(左)在南京合影。

后来就打上海。上海解放后，我记得我们是坐着橡皮艇从苏州河到的上海郊区四景镇。在上海，老百姓对我们特别热情，问路他们都带着你去。有意思的是，当时我们政治部都住在白公馆里，保姆坚决要求住在卫生间，她说："这里多滑溜呀。"

到了上海，我还是要求先工作，于是被分配在组织部当干事。没多久，老仲又调到32军，驻扎在青岛。这支部队是要准备打台湾的。他又出发到福建南平，后来没有打，就地剿匪。那是1950年，我生了老三，老三就叫继征，继续出征。

当时南京成立军事学院，刘帅要人，要有文化、有水平的，陈毅就把老仲推荐给刘帅。我要在学院家属招待处当政治助理员，并负责宣传教育工作。一个小学生管了这么多年的宣传(笑)，于是我就跟着政治系的预科班听课。

1952年，军事学院派了一个军事政治考察学习代表团去朝鲜，团长是陈伯君，仲曦东是副团长。抗美援朝时生的男孩叫东征。后来又有了，在南京搞建设，叫建征。老小叫待征，

1949年，在松江，刘锦琳正怀着三儿子继征。

等待着再出征。我生了这么多孩子，他就看过一次，还是在南京，路过医院，司机提醒他说："刘同志在医院呢。"他就进来坐了几分钟。后来和我同病房的病友问我："你爱人没有来看你?"我说："来了呀，这不刚刚走吗?"她看了我半天，说："唉!我还以为是你们单位的领导呢。"

我家男孩的名字都带个"征"字，都是老仲起的，女孩的名字是我起的。

1955年，我转业到江苏省委教育部宣传处当副处长，一直当到去外交部。

1961年，外交部调仲曦东任驻捷克斯洛伐克大使，我也就跟着到了外交部。我们在捷克使馆工作了近7年。当时我国正处于一个特殊的历史时期，国内三年自然灾害，国际上反帝反修，原来社会主义阵营中的老大哥苏联撕毁了中苏友好条约，撤走了100多个援建项目和专家，中苏双方关系破裂，东欧国家(东德、波兰、捷克斯洛伐克、匈牙利、保加利亚、罗马尼亚等国家)追随苏联。政策还是要着眼于人民群众，我们的感觉是驻在国的人民对我们还是友好的。我们向当地人民宣传我们的政策，说明中苏分歧的由来，让他们了解我们。

走之前，总理耐心地对我们讲："到哪个国家，就应该学

刘锦琳(后排右)和仲远征(前排右)、仲继征(前排左)及保育员在南京。

习哪个国家的语言，要交朋友。我们的对外政策要贯彻五项基本原则。”我第一次见到总理是他从日内瓦回来，在大会堂请客，也请在京的大使和夫人。总理每个桌都敬酒，走到我们这桌的时候，他说：“这位夫人我没有见过?”别人就说：“这是驻捷克斯洛伐克大使夫人。”他就问我老家是哪里的，过去是干什么工作的，从哪里来?我当时对总理说：“我是山东好汉。”

哪想这句话惹出了祸，总理就说：“给我倒满，我要跟你这位山东好汉干一杯。”总理的秘书跟着他，秘书就跟我摆手，对总理讲：“总理，不能喝了，不能喝了，你已经喝了挺多了。”我也赶紧说：“总理，我不会喝酒。”总理说：“山

1952年在南京，“我是一个兵”。

1955年，仲曦东被授予少将军衔。

1959年春，时任中国人民解放军军事学院政治部副主任的仲曦东将军和夫人刘锦琳在南京。

东好汉当然能喝酒了，干!干!”完了，他又对秘书说：“我就干一杯，干一杯。”从此，我对总理的印象特别深刻。

捷克斯洛伐克是和我们建交最早的国家之一，它也是东欧国家里工业比较发达的国家。它当时离不开苏联，它的生产原料有的要依靠苏联。他们生产的枪、鞋、玻璃器皿、首饰都是有名的，机械自动化程度也比较高，管理也比较好。

我们从军队一下到了外交场合是非常生疏的。来之前听别人讲，自己没有亲身体验的东西都是理性的，没有感性的东西。在家准备的东西，到了当地，用不上。首先是语言问题，做外交工作，不懂语言，想交朋友也很困难。你想跟人家交心，还要第三个人给你翻译，语言的沟通才能使我们相互了解。起初我们并不了解总理说的“必须学习驻在国的语言”，到了以后才知道它的重要性。

开始我们还学俄语，但是，捷克人一般不愿说俄语。他们知道自己处的地位，有的官员宁愿讲英文，会讲英文的也只有少数人。我后来在使馆学习英语，由使馆的翻译和捷克教员教。我学了一点英语，也仅仅是应酬，交朋友、深谈是不够用的。而且当时也不准出去交谈，心里就觉得总理比别人想得远一些。我一到捷克斯洛伐克，首先拜会总理的夫人和各位部长的夫人，一是出于礼貌，二是为了相识。在当时的状况下，别人的顾虑就是在这种场合下不应该谈不同观点的问题。人家很多夫人就是家庭妇女，我们一般还是聊些家常话和各国的风俗习惯。我利用拜会结识了许多夫人。总的来说，捷克人民对中国人民有深厚的友好感情，毕竟我们两国建交十几年了。

当时还有一个中捷友好合作社。这个社长1958年还到中国访问过，他是一个非常朴实的农民。过节的时候，我们都会请他来。开始来的人很多，后来他们控制人数，逐渐来的人就少了一些。在当时的状况下，老社长仍旧坚持跟我们保持着非常友好的关系。我们每次去他们农庄，他们都把自己做得最好吃的东西拿出来，葡萄酒、李子酒、各种各样的香肠，还带我去参观酒窖和灌肠的地窖。所以说，我每次去都感觉特别亲切，感觉像回到自己的家乡一样。他们对你的热情一点都不虚假。

捷克外交部和外交使团也组织活动，我们去参观首饰厂、玻璃厂、糖厂、啤酒厂等，接触到的人民都对我们很友好，毕竟有过那一段兄弟般的友谊。

因为当时的国际环境，总的形势限制了两国的关系。我们在捷克斯洛伐克时，除了一般的使团惯例活动，比如每年的布拉格之春音乐会，还有组织的打猎活动等我们参加外，从不安排双边的友好活动，对我们使馆提出的要求和活动也是控制的。我们当时曾采取“走出去，请进来”的方式，希望多接触一些人民，但也受到了限制。我们以“旅游”的方式去某地，也需要经官方批准。有时去了，见到下层官员他们也不敢与我们多谈，最多寒暄几句。后来时间长了，我们也熟悉了，一些官员对我们说：“你们应该理解我们，捷克国家小，资源少，不能和中国一样。我们是在夹缝里求生存呀。”我们私下还讲点笑话：“莫斯科下雨，捷克赶快打伞”，“莫斯科打喷嚏，布拉格感冒”。

我们平时工作也很多，使馆之间的友好往来不少，我们经常请其他国家驻捷克的大使夫人来我们使馆，请她们看中国

1961年，仲曦东大使(右三)和夫人刘锦琳(右二)出席捷克领导人举办的宴会。

1962年，仲曦东大使(中)和夫人刘锦琳(左)出席捷克领导人举办的宴会。

1962年10月国庆招待会上，仲曦东大使(右二)和夫人刘锦琳(左二)在驻捷克大使官邸欢迎来宾。

1962年，卫生部长李德全(左)、副部长钱信忠率领我国卫生代表团去古巴回国路经捷克，刘锦琳(右)陪同参观捷克名胜古迹，那时的条件也只能请吃个冰激凌。

1962年，南京，全家福。

电影，让她们了解中国文化。我记得她们看完《梁山伯与祝英台》后很高兴，说："很多东西是从你们中国传过来的，我们的头发梳得高高的，就是跟你们学的。"有时我们也组织一些夫人们开个茶点会，吃点面包、中国的小点心，像春卷什么的。我们也把捷克的部长夫人一起请过来。我们和朝鲜、越南、阿尔巴尼亚使馆的活动比较多，现在我还会做朝鲜泡菜，就是朝鲜大使夫人亲自教我的。

我们是1961年去捷克斯洛伐克的，走时匆匆忙忙。1962年大使回国述职时，我们除了汇报工作外，还要学习。离回去的时间就剩下几天了，赶快回家，那时家还在南京。回家一看，惨极了。我的小儿子待征本来是个小胖子，回去一看呀，瘦得连说话的力气都没有了；老大远征拉痢疾住医院刚刚出来；东征得了肝炎住在医院里；大女儿露珈得了肾炎；小女儿胳膊摔断了，还没有接好；建征的头被人打了，还留着疤，这么长。哎呀，我一看，就说："我再不走了。"

当时孩子都住校，家里只有奶奶、姥姥，还有姑姑帮着带。正赶上困难时期，男孩又多，老人又没户口，粮食不够吃。那时候从国外回来，是不让带东西的，只带了一盒巧克力糖，我就给了住医院的东征。后来我才知道，这盒糖东征没舍得吃，出医院带回家来，他哥哥就出主意，说是把糖埋在地下，好长出更多的巧克力来。

我在家的时候，赶上1960年困难时期，家里只有一个馒头。他爸爸就看哪个孩子小、眼瞪着看，就从上面拧一块给他。孩子们都是长身体的时候，我在家，还能够调整一下。当时学院里，有时还给点儿豆腐渣，也可以搭配着调节一下。可我不在国内了，这些孩子怎么办？怪可怜的。

在马上要回捷克的时候，我就和老仲商量，请全家到军人俱乐部吃一顿饭，其实就是饺子。这帮孩子饿得像小狼一样，吃得呀，人家包都没法包了，没办法，只好吃面条。

我们就要走了，唯一没有生病的继征，骑着刚给他买的自行车从学校来送我们。他太着急了，撞在三轮车上，头都撞破了，头上、嘴上流着血。我一看，心里难过得呀。我跟老仲说："曦东，我不去了，你看这些孩子，这么多生病的，这个又摔破了，没娘的孩子太可怜了，无论如何我不去了。”曦东就劝我说：“这是组织上安排的，不去不行呀。你只能服从组织安排，外交工作中，夫人很重要，没有夫人，许多工作不好开展。”

继征一边擦着血，一边说：“妈妈，我没有关系，没事，我不疼。”我这才走的。

1963年，世界乒乓球锦标赛在捷克比赛之前，我们回国。送乒乓球队赴捷克参加27届世乒赛时，总理请大家吃饭，饭前就说：“我给菜吃，给酒喝，但是你们要交一点粮票。”当时粮食的供应是有限的，我们所有的人都交粮票(笑)。酒嘛，是总理平时攒的，菜嘛，每次都特别简单，是总理喜欢的“大菜”，一个锅里什么都有，大白菜、粉条，还有一点肉什么的，就是大烩菜。

这是今天不能想象的。

总理给我们交待任务，就是怎样保障球队的思想工作和后勤工作。那天总理兴致很高，说：“咱们打球吧。”他就叫我：“大使夫人，咱们先打一个。”我就跟他打，打着打着，我就扣了总理一个球。我上学的时候是运动员，我这个球扣的，总理去接，差点儿摔倒。总理的秘书过来悄悄地说：“轻一点，总理的胳膊不好嘛。”我当时就想：“我怎么这么莽撞呢。”那时候不知道总理胳膊不好。我们回到捷克后，仲曦东就遵照总理的指示先在使馆安排了一个乒乓球练习室。

当时，捷克的比赛很有意思，驻周边国家的大使都来了，可热闹了，还有录像，在国内还放了。那天庄则栋争冠军的时候，我们都紧张得不敢看，心都要跳出来了，都把头转过去了。当时我们参加的国际比赛没有现在这么多。这次比赛很关键，男子要拿冠军，我们当时都叫庄则栋“小老虎”。庄则栋拿到冠军时，哎呀，全场中国人欢呼高兴，好多年没有这么开心了。李富荣、荣高堂、陈先都去了，他们都住在使馆里。我们和乒乓球队的友谊可深了，以后他们在东欧国家比赛前，都在捷克使馆做预备工作。现在的人都不知道庄则栋是“小老虎”呢。

中国驻捷克斯洛伐克使馆在东欧是比较大的馆，工作人

1963年，第27届世界乒乓球锦标赛在捷克举行，中国乒乓球队队员和使馆全体人员在使馆前留影。当时中国乒乓球队队员吃住在使馆，并同使馆人员建立了深厚的友谊。后排左一为著名乒乓球选手庄则栋，使馆人员亲切地称他为“小老虎”。前排左二为刘锦琳，第二排右二为仲曦东。

1963年，仲曦东大使(后排左一)和夫人刘锦琳(前排右一)同前来捷克观看第27届世界乒乓球锦标赛的中国驻保加利亚、匈牙利、阿尔巴尼亚的大使及大使夫人们在使馆前合影留念。

1963年，中国艺术团来捷克演出，仲曦东大使(前排右二)和夫人刘锦琳(前排左三)及艺术团演员在一起，左二为著名歌唱家刘炳义。

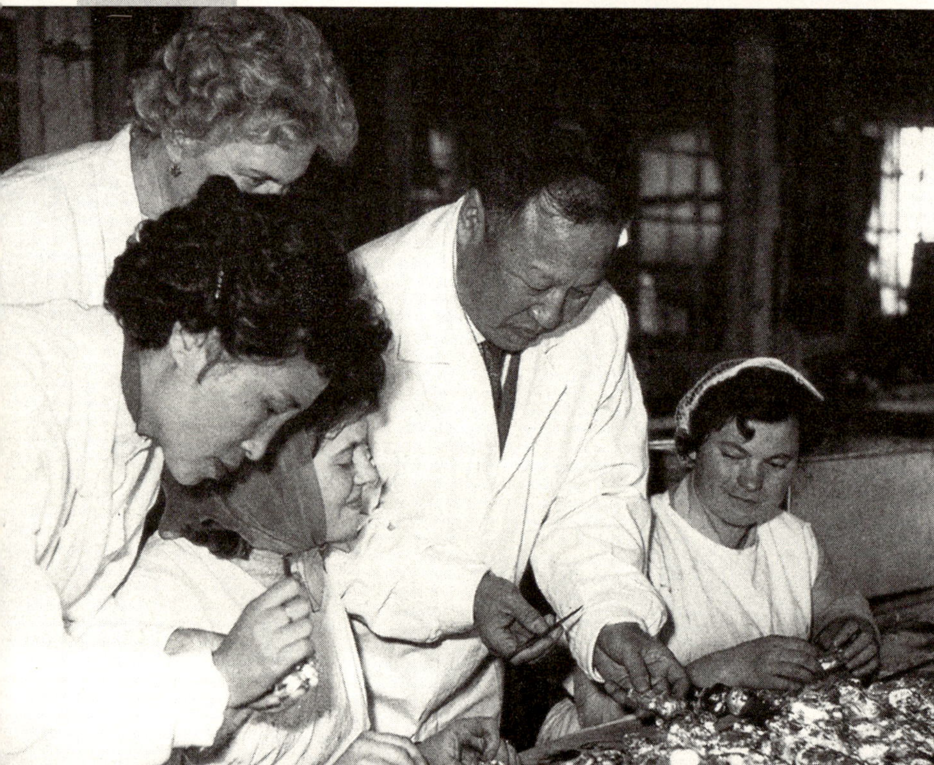

1963年，仲曦东大使(右二)和夫人刘锦琳(左一)参观捷克巧克力糖厂。

刘锦琳参观捷克福利院。

员也比较多。馆外的单位还有新华社驻布拉格分社、海运公司等。我们驻捷克的国际组织也不少，有世界工会、国际学联、民主青联和社会主义杂志社等。胡启立同志是派驻国际学联的代表，陈宇同志是工会代表，他们经常到使馆讨论当时的形势。他们开国际会议前也到使馆与大使交换意见，做一些准备。捷克也是我们国内不少代表团和出访人员路过的国家，使馆要做一些接待工作。使馆有一个较大的招待所，过往人员和代表团可以在使馆住。夫人们当然要参加接待工作。当时的卫生部长李德全、钱信中来捷克时，我们都陪同他们参观一些名胜古迹，那时的条件也只能请他们吃个冰激凌。胡耀邦同志路过捷克时，在使馆住了几天，当时他是共青团的书记，他爱喝酒，爱喝茅台酒。我也陪他喝，他喝得有点醉了就说："你这个大使夫人啊，太厉害了!"其实我的酒是掺了水的，现在想起来，都觉得有点对不起他。胡耀邦同志热情、坦率、思想活跃，想问题想得很深，我们使馆的同志都很喜欢他。我们在一

刘锦琳参观捷克工厂，厂长向她介绍工厂的产品。

1963年冬，中国商贸代表团路经捷克。前排左一为陈慕华，左二为方毅，右一为仲曦东，右二为刘锦琳。

1964年，在驻捷克大使官邸。

1964年，仲曦东大使和夫人刘锦琳及使馆女同志参观捷克少年宫。

1964年冬的一个清晨，翻译把仲曦东大使和夫人刘锦琳散步的情形偷拍了下来。

在捷克，仲曦东大使(右)和夫人刘锦琳(左)同古巴女英雄(中)在一起。

刘锦琳(前排左二)参观捷克小城。

1969年，坦桑尼亚总理(左)会见仲曦东大使(右)和夫人刘锦琳(中)。

起从国际形势谈到国内形势，从战争谈到和平，谈得非常开心。乔冠华去的时候，我们也陪着他。我回国去看他，他的夫人龚澎(龚澎是燕京大学毕业的，解放前是地下党，长得很漂亮)就说："大使夫人，我听冠华讲，大使夫人眼睛虽然不大，但是非常有神。"咳，他观察人还这么仔细。乔冠华也能喝酒，所以我们内部工作压力不小。

我们除了使馆内部的日常工作外，由于是"坐冷板凳"，我们组织学习的时间很多，占去了四分之一的时间(主要学习毛选、国内的文件、捷克报摘、外语等)，除此之外，就是在招待会之前帮厨，包包子、炸春卷、洗盘子、煮鸡蛋、摆桌椅。客人来之前赶紧脱下脏衣服，套上旗袍，抹两把脸("文革"前还擦点口红)，就站在门口接外宾。客人一走，又赶紧去收拾。里里外外，夫人们的工作还是不少的。

在捷克，我记得一件有意思的事。当时捷克人排了一出中国的《西厢记》。他们请我去看，我已经记不清那个小城的名字了，翻译同我一起去的。翻译在翻译我的身份时对方听错了，把我当成大使了，人家的女市长赶紧陪着我参观、看戏，还让我讲话。到了最后他们才搞清楚我是大使夫人，他们一样很热情。他们很不容易，在当时的形势下，只是看了捷文版的《西厢记》剧本，就演出了，这本身就成功了。

1967年1月，我们坐了一个星期的火车回到国内，参加"文化大革命"学习。

1969年6月，仲曦东被任命为驻坦桑尼亚大使。

这次我是后去的，老仲接到任命就上路了。

到了坦桑尼亚就感觉到了一个新天地。欧洲的环境比非洲要好得多，这次却感到我们到了一个真正革命的地方。很高兴呀，我们又到了前线，因为当时一些非洲国家为了独立还在打仗。我们一心想的是非洲人民的革命斗争，我们付出也是为了支援非洲人民的建设。我们援助坦桑尼亚的项目多达十几个，是一个庞大的队伍。修建铁路就是一个很大的队伍，军事、工业、农业、交通运输、医疗卫生等。专家组也有十几个，医疗队就有两个，一个在坦噶尼喀，一个在桑给巴尔。

坦桑尼亚曾是英国的殖民地，由坦噶尼喀、桑给巴尔和奔巴岛组成，有126个部族，是个多民族国家。总统尼雷尔是一个部落酋长的儿子。他曾经留学伦敦，学成回国后在大学当过老师。他当总统之后，受到国内和非洲人民的尊重。坦桑尼亚是非洲第一个从英国殖民者手中独立的国家，尼雷尔上任以后面临最大的难题就是发展国家的经济。当时赞比亚为了摆脱南非白人种族主义政权对铜矿的限制，决定同坦桑尼亚一起修建坦赞铁路。坦桑尼亚有港口。世界银行和西方银行当时根本不愿贷款，他们不愿做亏本买卖，还带有政治意味。苏联也不愿提供援助。坦赞两国的领导人最后决定抱着一线希望，向中国求援。

1967年，赞比亚总统来中国，毛主席和总理接见了他。总理事先做了详实的准备，他说："坦赞铁路对两国不仅具有经济上的意义，更重要的是还有军事上和政治上的意义。"毛主席拍了板，对他讲："先独立的国家有义务帮助后独立的国家。"坦赞铁路是1969年开始兴建的。

老仲到坦桑尼亚是陈老总提议的。他到坦桑尼亚，工作太劳累了，一天到晚，他哪里都去，哪里都跑，要解决具体问题呀。工作量太大了，专家组要去，还要负责转达两国领导之间的信息。当时美国人在修公路，有一段是同铁路并行的，但是在不远处便有一个交叉点，谁抢修在前，就对谁有利。老仲没黑夜没白天视察铁路工地。热了，就跳到河里洗个澡；饿了，就在工地上吃点。有一次陪同铁道部副部长郭曾，在视察铁路沿线的工程时，在工地上吃了根油条，就感觉胸口堵，司机以为噎住了，还帮他捶，他们哪里知道呀，到天黑才回首都。当时使馆没有心电图机。到了第二天早上，桑给巴尔医疗队从岛上坐飞机送心电图仪器，这才给他做的心电图。一看，大面积心梗。当时他还像没事一样下楼去办公，医生吓得说："大使，太危险了，快躺下，快躺下!"陈老总知道后，赶紧派专家陈再嘉去抢救。陈医生未到之前，医疗队的医生每天发电报汇报病情。总理也非常关心，北京医院就根据病情发去治疗方案，至今我都难忘周总理的关怀。

当时我们修铁路，那是跟美国争时间呢。

坦桑尼亚总统尼雷尔与中国的亲密关系到什么程度呢?我们

的大使有事情想见他，什么时候都可以联系到他，他都接见。老仲心肌梗塞，他亲自到家里来探望。这在其他国家，一个总统到大使的床前去慰问看望是少有的。那时，我们对坦桑尼亚无私地倾尽全力的支持，真是建立了深厚的友谊，是血肉相连的。医疗队的功绩遍及整个坦桑尼亚。很多医生接生孩子的时候，是嘴对嘴地吸孩子的脏东西的，而有的妇女是有性病的，那真是深入到当地人的心里去了。不光是上层的病人，就是广大的农村，我们的医疗队也带着药，去给他们看病、发药，又脏又累，天又热，吃得也不好。我们修的铁路，克服了巨大的困难，付出了重大的代价。当地的地形格外复杂，我们的设备也没有美国的好，很多工人就牺牲在那里。就是在这样的情况下，我们的铁路的进程赶在了美国人修的公路前面。

就这样，我们争过了美国。

老仲后来回国修养了一段时间。后来坦、乌(干达)边界有战事，我们又回到坦桑尼亚，接着干。那时是没有一分钟闲着的。后来写《中共党史人物传》的时候，我把老仲的日记给作者看了，他看完了以后说："这谁能受得了，没有一天是空下来，没有一刻钟是停下来。休息时间一点也没有。"来坦桑尼亚前，陈老总跟老仲谈过话的。1972年陈老总去世，我们没有赶回国内，我从来没有看过老仲流泪，他哭了，我也跟着哭了。我们跟老总没有个人之间的来往，都是工作上的。老总曾经说过老仲是"党内的大才子"。

记得有这么一件事，那时为了我们的工人生活能够稍微改善一下，铁路队就开了一个小卖部，卖尼龙袜子、的确良布、牙膏、牙刷等生活用品，还有一些是吃的东西，从国内采购的。这里有一个问题，他们没有外交豁免权。他们有的东西是以使馆的名义进的，不知道怎么，就把这件事报给了国内。总理就发了电报，上面写着："让大使和大使夫人来处理这个问题。"译电员接到电报一看，上面怎么还有大使夫人?就发回电报问是不是发错了?回电上面讲："夫人是总理加的。"于是我们在处理这件事上，首先是向对方道歉，并补上了应该交的税。

我去参观坦方的纺织厂，该厂是我们上海去的专家帮助建的，我们从头到尾将工艺技术都教给他们，我现在还留着一块布，就是他们送的。水稻也是我们的专家指导种的，制糖厂、皮鞋厂都是我们帮助建设的。所以我们和坦桑尼亚的关系是不一般的，是没有办法和其他国家的外交相提并论的，它有极大的特殊性。

1969年10月，我和仲曦东去坦桑多多马地区访问，当我们与当地群众见面时，群众就高声喊："中国，拉费克(朋友的意思)"。我们参观乌加马村(社会主义村的意思)，仲曦东向他们介绍中国的情况，并提出各国一定要根据本国的具体情况来搞建设。仲曦东在群众大会上的讲话，翻译黄权衡用斯瓦希里的当地语言翻译。当仲曦东讲到毛主席诗词"小小环球，有几个苍蝇碰壁?嗡嗡叫，几声凄厉，几声抽泣。……一万年太久，只争朝夕"时，全场沸腾了许久。

坦方领导人请我们吃饭，手抓咖喱米饭，半生的羊肉。很多同志吃不惯，不能下咽。可是我和大使是主宾，必须吃，而且还要表示很好吃的样子。我们必须尊重当地的风俗习惯，主人看了非常高兴。

坦方领导人的夫人和孩子，差不多每个星期都到我们使馆吃中国饭，我们就准备一些炒饭、酱肉以及中国的小吃。他们把中国大使馆看成最好的朋友的家。

当时坦桑尼亚可以影响整个东非，它也影响到了南非。当时南非种族主义猖獗，坦桑尼亚可以说是非洲独立的榜样。这个榜样我们是要支持的。支持世界人民的解放，支持一个国家的独立，能不能支撑下来是非常重要的。第三世界国家的解放也为中国打破美国等西方的经济封锁和禁运提供了市场，是他们支持中国恢复了联合国的合法席位。在宣布恢复我国联合国合法席位的那一天，驻联合国的坦桑尼亚大使还特意穿着"毛式服装"。所以毛主席说："是非洲朋友把我们抬进联合国的。"毛主席的话意味深长呀。

1972年我们回国，老仲回来任外交部副部长。那时他的身体已经很不好了。

1974年组织让我到苏联东欧司工作。在离休前，我主要负责南斯拉夫、保加利亚、匈牙利这三个国家。这一段工作，我很高兴地结交了几位大使，尤其是南斯拉夫的大使德鲁诺维

1969年，刘锦琳参加坦桑尼亚的节日。

1970年，坦桑尼亚领导人的夫人到中国使馆拜访大使夫人刘锦琳。

1971年，在坦桑尼亚使馆院内。

1971年，仲曦东大使在坦桑尼亚视察铁路修建工程时，因过度劳累突发心肌梗死，病中和刘锦琳在使馆的凉台上。

1972年，大病未愈的仲曦东大使(左三)和夫人刘锦琳(右三)来到卢旺达，同卢旺达领导人商讨建交事宜。

叶帅(前排中)接见南斯拉夫军事代表访华团。刘锦琳(前排右一)时任东欧司副司长陪同接见。

1974年，仲曦东和乔冠华在北海公园散步。

1975年，刘锦琳在南斯拉夫驻中国大使馆同大使等人员联欢。

1975年新加坡总理李光耀访华时，刘锦琳(右三)陪同参观时在桂林留影。

奇。他在40年代参加了反法西斯游击队，所以我们有许多共同语言。他非常积极地同我们往来。在此期间，我们同南斯拉夫两党、两军以及经贸的关系都有了很大的发展。

1975年，南斯拉夫总理毕叶迪奇访华，我当时也陪同做一些具体工作。记得毕叶迪奇总理到南京参观时，对我们自建的长江大桥格外赞赏。邓小平同志与他会谈，邓小平同志的记忆力很好，在会谈的时候，他在中间可以不看我们为他准备的讲稿，侃侃而谈。连南斯拉夫总理都十分赞赏。

1977年，铁托以总统的身份访华，同时还有南斯拉夫党的一把手多蓝茨。在研究同铁托的会谈方案时，国际问题、经贸、科技、文化等双边问题都好谈，但是两党关系是个棘手问题。中南关系解决到一个什么程度？南斯拉夫的大使几次探试，我们外交部和中联部还有新华社的领导再三研究，都觉得应该“开个缝”。可是这个缝到底开多大？我们就报给邓小平。邓小平讲：“要开就开大一点。”结果铁托总统到达北京后，受到最高礼遇。他乘敞篷车，有八万人欢迎他。当时同铁托会谈的是华国锋主席。

我接触铁托总统不多，那时他有84岁了。但他给我的印象是：很威严，话很少，但是每句话都很有分量。他在北京瞻仰了毛主席纪念堂，我们安排他到杭州和新疆参观。在杭州他住在毛主席当年住的地方，非常高兴。他很喜欢中国的毛巾，我们就送给他。他还提出要看中国电影《甲午风云》。他看过我们安排的军事表演后，非常兴奋，他讲：“世界上没有哪个国家能够征服中国。”他当时的威望很高。

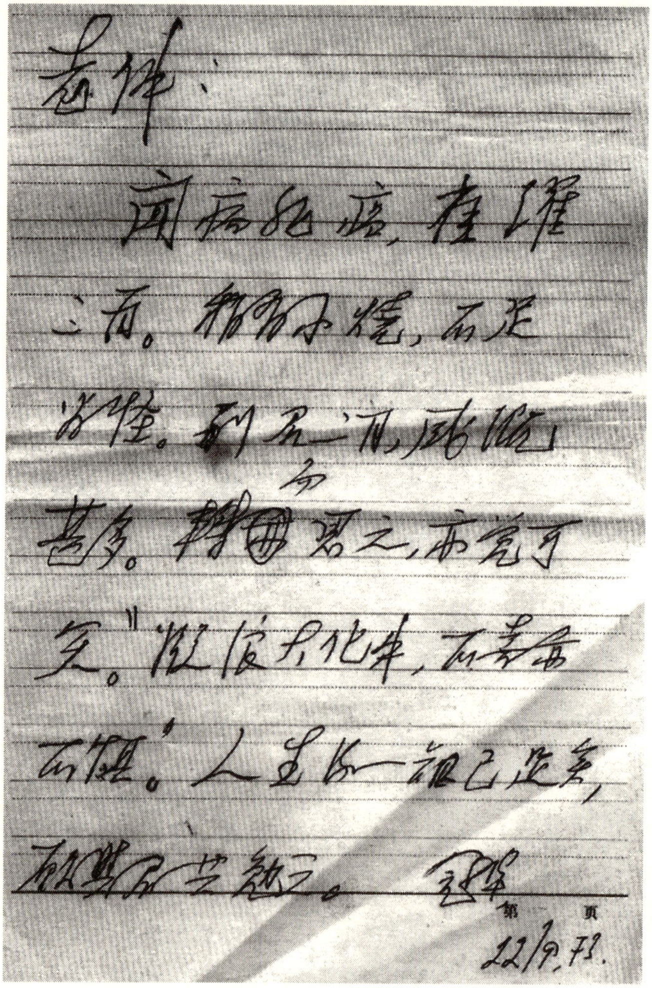

乔冠华给仲曦东写的信。

你要我讲乔冠华，我就讲两句吧。老仲和乔冠华有共同语言，他们都喜欢谈哲学理论的问题，文化方面也谈得来，讲诗词的时候还能互相唱和。乔冠华有了好吃的就给老仲写个字条，有一次上面写着：“友人送来一条狗腿，对之想吃又生畏；忽思楼上既有黄华公，何不三五成群大嚼狗肉消长夜。”他当时和章含之正在谈恋爱，老乔住在报房胡同，我们和章含之家都住在史家胡同。老乔就想到我们家了，工作中找他也方便嘛，我们就让出客厅给他们聊天，也就是两三回。

有一次傍晚章含之不在家，我们就和老乔去散步。途中老乔就讲："老仲，你我将来告老还乡，你俩可以开个饺子铺，生意肯定很好。"老仲对他讲："那你开个茶馆，我想生意也会不错的。"老乔这个人开朗，心有时也很细的。老仲当时病重，他去探视，他深夜还写封信，上面嘱咐老仲："看你的人太多，我要求你少见客，少吹牛。特别希望刘锦琳同志不顾情理地阻止。"1973年的时候他曾经给老仲写道："人生得一知己足矣，愿与君共勉之。"

1984年老仲病重，我申请提前退休。在这之前我们一起回到烟台、青岛，还去了石家庄我们原来战斗过的部队27军。谁也没有想到他走得那么突然，一句话都没有留下。老仲走的前一天晚上，我还在医院陪着他，没有想到第二天，我刚回到家，他就走了。他还不到70岁，只有68周岁。

他走以后，我10年没有去过医院。他走了以后，我有十几年没有翻过身来，我自己提着菜篮子去市场上转一圈，什么也没买回来，我脑子里不想别的，一想到他……

我现在有很多东西没有写，一大堆材料，为什么?我不敢写。一拿起笔写，我就想起很多事情，这些事情在我眼前晃呀，血压马上就高，不能写下去。别人来写，那就写吧，我把材料给他。后来朋友介绍我去画画，我才好一些。

我13岁参加革命，遇到了各种各样的困难，我们这一代人所干的事情你们是难以想象的。战争的残酷使我坚强，冰雪和酷热教会了我要忍耐，跋山涉水我学会了苦中作乐。总之，时代和党给了我们一切。

建征曾经写过一首词《水调歌头》，纪念他爸爸的，其实也是写了这一代人吧，我记得下半阕写道："除疾饿，图共产，求大同，谈桌沙场，挥手笑看作戏童。共眼凭生磊落，大略雄才豁腑，滴血报国功。瞻望登东岳，日落半山红。"

战争年代，死和生都置之度外了，所以我们现在还活着的人就说：我们还有什么不满足的，多少先烈离我们而去，我们这些战场的幸存者还没有到马克思那里开大会去呢。

2001年元月，刘锦琳(左)在外交部新年茶话会上同钱其琛(中)副总理和夫人(右)合影。

2001年6月，刘锦琳在澳大利亚的悉尼海边，身后是航空母舰。作为一个老军人，她心中企盼的是中国能有自己的航空母舰。

2001年在澳大利亚看望孩子们，左一为小女儿玳玳，左二为刘锦琳，左三为小儿子待征，右一为建征，右二为建征的妻子，被抱着的是小孙子，前排中为小孙女。

2003年春节前夕，外交部部长李肇星到刘锦琳家中拜年。

刘锦琳离休后，习字作画，渐成一家。部分绘画参展被收藏，不少老战友和朋友前去讨画。